聞き返し発話の解釈に関する認知語用論的考察

梅木　俊輔　著

日本語・日本語習得研究博士論文シリーズに寄せて

　博士学位は運転の免許に例えられることがある。一理ある考え方である。人は、運転が十分に上手になってから免許を取るのではなく、最低限の知識と技能を身につけた段階で初めて免許を取り、それから一生懸命に車を走らせて技術を上達させていくからである。

　しかし、立場を変えれば、これは盲点のある例え方だと評することもできる。なぜなら、免許の取り方と学位の取り方とではその性格に大きな開きがあるからである。免許を取る訓練の段階では、指導教官が隣の席に座って丁寧に教えてくれるが、それでも、よほど危険な状況に遭遇しない限り、運転に直接手を貸すことはない。また、免許を取得できるかどうかが決まる試験に際しては、あくまで受験者が自力のみで努力し、うまく行かなかったら、一律に不合格になる。

　一方、博士学位の場合はどうか。まず博士論文の作成においては、発想から表現まで指導教員が惜しまずに力を貸すことがある。さらによくないのは、そうしておきながら、一旦審査する段階になると、同じ教員が主査を務めてしまうことにある。このような調子だから、「手前味噌」の滑稽劇がひっきりなしに展開される。これによって、学位を取った人の一部は、学位を取った日が研究を止める日になってしまう。なぜなら、一人では研究を続けていくことができないからである。

　このような滑稽劇を根絶するためには、体制の根本的な改革が必要であり、教員の一人二人の努力だけではどうしようもない。しかし、このシリーズの企画に際しては、せめてこの風潮を助長しないように注意を払っていくつもりである。つまり、執筆候補者の選定に関して、学位申請に必要とされた「博士論文」を見るだけではなくて、学位取得から一定以上の年数が経過しても、依然として弛まず研究を続けられていることを必須条件として定めているのである。

　こうすることで、このシリーズの著者たちは、本書の背表紙に刻まれた著者名だけでなく、学会や研究会の壇上で活躍する実際の姿と、学会誌の目次や研究会のプログラムに頻出する名前とが、常に三位一体となった動的な存在であることが保証されるであろう。シリーズの刊行が学問隆盛の一助となることを切に望む次第である。

　　　　　　　　　　　　　　　　　　　　　　大阪府立大学　張　麟声

序．目的、対象および構成

　本研究の目的は、日本語母語話者が会話に現れる聞き返し発話をオンライン（リアルタイム）で解釈するのにあたって行う推論に、いかなる情報がいかにかかわるかを考察し、聞き返し発話を対象としたオンライン処理のメカニズムを明らかにすることである。それによって得られた知見をもとに、聞き返し発話のオンライン処理に関し、学習者が推論をいかに働かせることが有効かを論じる。

　会話参加者は、相手の発話が聞き取れなかったり、聞き取れはしたものの、その発話の意味が分からなかったりすると、相手の発話を聞き返し、意思疎通の妨げとなっている問題を取り除いたり、問題が生じるのを未然に防いだりしている。こうした聞き返し発話の役割は、日本語教育において学習者が母語話者と会話する際のコミュニケーションストラテジーになり得るものとして重視され、学習者の使用実態（林，2008; 池田，2003; 石田（猪狩），2002; 許，2012, 2013; 大野，2003, 2004; 尾﨑，1992, 1993, 1996, 2001; 尾﨑・椿，2001）、日本語教科書における聞き返し発話の扱い（トムソン，1994）、指導効果（椿，2011）など、指導に取り入れるための研究が盛んに行われてきた。しかし、これまで言語教育分野において、インタラクションにおける発話を処理する際、どのような推論操作が必要となるかについては、具体的に示されてこなかった。

　母語話者の会話をよく観察してみると、上記のように相手の発話が聞き取れなかったり、聞き取れはしたものの、その発話の意味が分からなかったりした場合に使用される「問題処理の方策」（尾﨑，1993, p. 21）としての聞き返し発話もあれば、そうでない非問題処理の方策としての聞き返し発話も観察される（例えば、p. 4（1）参照）。そうした多様な聞き返し発話に対し、学習者の中には適切に応答することに困難を覚える者もいる（アクドーアン・大浜，2008）。しかし、様々な聞き返し発話のオンライン処理がどのようにして実現されるのかということについては、従来の研究であまり取り上げられてこなかった。学習者は、会話で遭遇する様々な聞き返し発話が果たす特定の役割をどのようにすればオンラインで解釈できるようになるのであろうか。こうした問いに対し、従来のような問題処理のストラテジーという視点から行われた研究による知見だけでは、学習者に提示できる情報として明らかに限界があった。

　一方、母語話者はどのようにして聞き返し発話をオンラインで解釈している

のであろうか。母語話者の場合、ある程度予測的に推論が働き、オンラインでの解釈を実現していることが推測される。会話で線状的に連鎖する発話のオンライン処理は、必ずしも発話者が発話し終わってから開始されているわけではない。会話における「話者交替に要する時間は平均70〜80ミリ秒である」(榎本，2007, p. 203) と言われているが、これは、相手発話の処理が、相手が発話し終わってから始められたのでは実現できない速さである。したがって、もし、会話での聞き返し発話の処理に、全く予測的推論が働くことなく、常に相手が話し終わってから始められるのだとすると、聞き返し発話がある度に、そこでの話者交替は、支障を来しかねないということになるが、これまでのところ「会話において、聞き返し発話は、円滑な話者交替に支障を来す」といった類の指摘がなされたことはない。

　そこで、本研究は、発話の解釈者に予測的に行われる推論処理を手がかりとし、日本語母語話者の会話に観察される聞き返し発話を対象としたオンライン処理のメカニズムを考察することにより、いかなる情報がいかにかかわるかを明示する。なぜなら、非問題処理の方策としての聞き返し発話を含め、多様な聞き返し発話を可能な限り取り上げ、母語話者によるオンライン処理のメカニズムを明らかにすることは、学習者によるオンライン処理の実現にとっての指針を構築する上で有益だからである。

　考察にあたっては、発話のオンライン処理を解釈者の心内における発話者の意味の復元と捉える、認知語用論的アプローチに依拠する。認知語用論的アプローチは、発話の意味の復元処理に関与する情報を厳密に規定しており、それらの情報規定に沿うことが考察上有益と考えることから、本研究の理論的枠組みとして採用した。なお、本研究では、発話のオンライン処理にあたり認知可能な刺激を総称して情報と呼ぶ。本研究の構成は右記図 i の通りである。

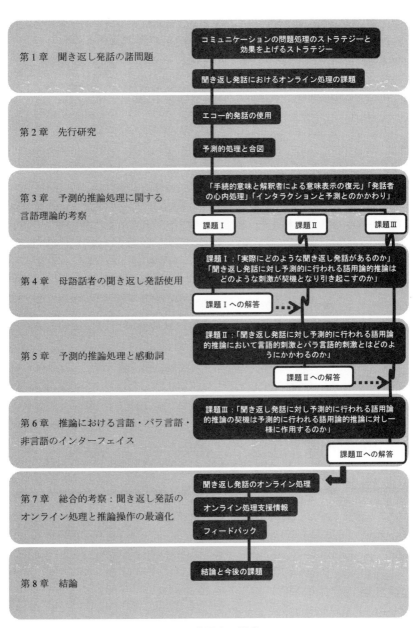

図 i． 本研究の構成

第1章では、本研究の背景となる日本語学習者による聞き返し発話の諸問題に触れつつ、近年のコミュニケーションストラテジー研究の課題について述べ、本研究の位置づけを確認する。続く第2章では、先行研究をもとに聞き返し発話に対する学習者のオンライン処理が困難となる問題の本質が解釈者の予測的推論処理が円滑に行えなくなる点にあることを指摘する。これを受け第3章では、予測的推論処理に関する言語理論的考察として、発話の予測的推論処理に深くかかわるトピックである、認知語用論的アプローチで提示されている手続き的意味と解釈者による意味表示の復元との関係、日本語の感動詞研究で提示されている発話者の心内処理に関する記述、会話・談話研究で言及されるインタラクションと予測とのかかわりを取り上げ、各研究上の到達点と問題点とを整理し、第4章以降で本研究が実証的考察として取り組む課題を導く。続く第4章から第6章では、第3章で導いた個々の課題についての実証的考察を行う。第4章では聞き返し発話の相互行為分析から多様な聞き返し発話を可能な限り取り上げ、それらの意味・機能を類型化するとともに、各聞き返し発話の予測的推論処理を引き起こす契機について検討する。続く第5章では、発話の予測的推論処理を引き起こす契機の中から感動詞を取り上げ、第3章の理論的考察において感動詞の手続き的意味について指摘した問題点を再検討し、先行研究の知見を修正した仮説を提示する。第6章では、第5章で提示した仮説を心理言語学的実験によって検証するとともに、聞き返し発話の予測的推論処理に感動詞が関与する多様性について検討する。第7章では、第4章から第6章までの実証的考察に基づき、聞き返し発話のオンライン処理と推論操作の最適化に関し、新たな情報区分としてオンライン処理を支援する情報を提示し、学習者およびコミュニケーションストラテジー研究の分野に向けたフィードバックを行う。第8章では、全体の議論をまとめ、今後の課題について述べる。

目　次

序．目的、対象および構成

1．聞き返し発話の諸問題
　1.1　コミュニケーションの問題処理のストラテジーと効果をあげるストラテジー ………………………………………………………………………… 1
　1.2　聞き返し発話におけるオンライン処理の課題 ……………… 4
　1.3　第1章のまとめ ……………………………………………… 7

2．先行研究
　2.1　エコー的発話の使用（echoic use） ………………………… 9
　2.2　予測的処理と合図 …………………………………………… 11
　2.3　第2章のまとめ ……………………………………………… 13

3．予測的推論処理に関する言語理論的考察
　3.1　手続き的意味と解釈者による意味表示の復元
　　3.1.1　発話の意味 ……………………………………………… 15
　　3.1.2　語用論的推論 …………………………………………… 16
　　3.1.3　コミュニケーションの推論モデル …………………… 18
　　3.1.4　発話解釈に要する情報の区分 ………………………… 31
　　3.1.5　手続き的意味と感動詞 ………………………………… 35
　　3.1.6　手続き的意味と解釈者による意味表示の復元における問題点 … 45
　3.2　発話者の心内処理
　　3.2.1　話し言葉に特有の情報 ………………………………… 48
　　3.2.2　発話者の心内処理における問題点 …………………… 53
　3.3　インタラクションと予測とのかかわり
　　3.3.1　インタラクションの社会言語学 ……………………… 54
　　3.3.2　相互行為分析 …………………………………………… 57
　　3.3.3　インタラクションと予測とのかかわりにおける問題点 ……… 63

3.4 実証的考察において取り組む課題
  3.4.1 問題点の総括 …………………………………………… 64
  3.4.2 認知語用論的アプローチを理論的枠組みに採用する有益性 … 65
  3.4.3 研究の方向性 …………………………………………… 66
  3.5 第3章のまとめ …………………………………………… 68

4. 母語話者の聞き返し発話使用
  4.1 問題の所在および調査の概要
    4.1.1 問題の所在 …………………………………………… 70
    4.1.2 データ ………………………………………………… 73
    4.1.3 方法 …………………………………………………… 75
  4.2 聞き返し発話の意味・機能類型
    4.2.1 分析結果の概観 ……………………………………… 75
    4.2.2 「驚き」 ……………………………………………… 76
    4.2.3 「不審・不満」 ……………………………………… 80
    4.2.4 「面白がり」 ………………………………………… 91
    4.2.5 「進行の催促」 ……………………………………… 95
    4.2.6 「時間稼ぎ」 ………………………………………… 99
  4.3 予測的推論処理を引き起こす契機 ………………………101
  4.4 第4章のまとめ ……………………………………………105

5. 予測的推論処理と感動詞
  5.1 問題の所在：Wharton（2009）の問題点 ………………107
  5.2 感動詞に対する手続き的意味の記号化 …………………112
  5.3 後続発話認知時のキャンセル可能性 ……………………114
  5.4 アドレス性に基づく発話者の意図明示性の判定 ………116
  5.5 言語的発話の予測的推論処理に感動詞が関与する特質 …119
  5.6 第5章のまとめ ……………………………………………120

6. 推論における言語・パラ言語・非言語のインターフェイス
  6.1 聞き返し発話の解釈に感動詞が関与する程度差 ………122
  6.2 問題の所在 …………………………………………………122

- 6.3 実験の概要
  - 6.3.1 刺激 …………………………………………………… 127
  - 6.3.2 手続き ………………………………………………… 130
- 6.4 明示的意味の復元に対する感動詞の関与
  - 6.4.1 正答率 …………………………………………………… 132
  - 6.4.2 反応時間 ………………………………………………… 133
  - 6.4.3 明示的意味の復元に感動詞が関与する程度差 ………… 135
  - 6.4.4 聞き返し発話の明示的意味に感動詞が関与する多様性 ……… 137
- 6.5 暗示的意味の復元に対する感動詞の関与
  - 6.5.1 予測の強度 ……………………………………………… 138
  - 6.5.2 予測の反応時間 ………………………………………… 139
  - 6.5.3 暗示的意味の復元に感動詞が関与する程度差 ………… 140
  - 6.5.4 聞き返し発話の暗示的意味に感動詞が関与する多様性 ……… 145
- 6.6 第6章のまとめ ……………………………………………… 145

7. 総合的考察：聞き返し発話のオンライン処理と推論操作の最適化
   - 7.1 聞き返し発話のオンライン処理 …………………………… 147
   - 7.2 オンライン処理を支援する情報 …………………………… 148
   - 7.3 フィードバック …………………………………………… 154
   - 7.4 第7章のまとめ …………………………………………… 159

8. 結論 ………………………………………………………………… 162

資料A（第4章）：会話参加者の背景 ………………………………… 166
資料B（第6章）：被験者の背景（f：女性、m：男性）…………… 167

文献 …………………………………………………………………… 168

あとがき ……………………………………………………………… 181

1. 聞き返し発話の諸問題

1.1 コミュニケーションの問題処理のストラテジーと効果をあげるストラテジー

　本研究が聞き返し発話と呼ぶ発話は、南（1985）が問い返しと呼んでいる、当該発話以前にある相手発話の一部あるいは全部を上昇調で繰り返す発話を指す。これまで言語教育分野において聞き返し発話を取り上げている研究では、主として、学習者が特定の発話意図を伝えることをいかにして実現するかという問題意識のもとに研究が行われてきた。尾﨑（1992）は、「相手の話が聞き取れない、分からないという問題に直面し、それを解消するために相手に働きかける方策を「聞き返し」のストラテジーとよぶ」（尾﨑，1992, p. 252）と定義し、さらに尾﨑（1993）において以下に示す聞き返しの発話意図（尾﨑，1993, pp. 21-22）を提示した。

　　①反復要求…聞き取り不可
　　②聞き取り確認要求…聞き取り可、聞き取り不確か
　　③理解確認要求…聞き取り可、理解不確か
　　④説明要求…聞き取り可、理解不可
　　⑤反復／説明要求…①＋③
　　⑥聞き取り確認／説明要求…②＋④

（尾﨑，1993, pp. 21-22）

　上記を含め、先行研究（林，2008; 池田，2003; 石田（猪狩）；2002; 大野，2003, 2004; 尾﨑，1992, 1993, 1996, 2001; 尾﨑・椿，2001; トムソン，1994; 椿，2011）ではいずれも、学習者が使用する聞き返し発話が曖昧な表現であることで相手に発話意図が理解されず、コミュニケーションの妨げとなっている問題の解決が困難となることが問題視されてきた[1]。そして問題点の改善には、明瞭

---

[1] 尾﨑（1993）は「『反復要求』か『説明要求』かがあいまいな『聞き返し』は母語話者から『反復』を引き出す可能性がかなりあり、それが『聞き返し』連鎖につながるケースが多い」（尾﨑，1993, p,28）ことを指摘している。また特に「相手の発話（の一部）をそのままオウム返しにするもの」（尾﨑，1993, pp.26-27）であるエコー型の成功率が低いとされている。

な表現を用いて発話意図を相手に伝える必要があるとし、そのことによりコミュニケーション上の問題解決の成功率が高まると考えられてきた。

　ただ、上記のような言及がなされる一方、尾﨑（1993）が以下で述べているように、コミュニケーション上の問題処理の方策だけがコミュニケーションストラテジーであると考えられていたわけではない。尾﨑（1993）は、Canal（1983）に触れつつコミュニケーションの効果をあげる方策を「円滑化のストラテジー」と呼んで区別しており、これら二つの側面を合わせたものがコミュニケーションストラテジーであると述べている。

> 　Canal（1983）は、ComS（コミュニケーションストラテジー（引用者加筆））を①コミュニケーション問題処理の方策と②コミュニケーションの効果をあげるための方策の二つをあわせたものと考えている。尾﨑（1981）は、上級日本語学習者の会話能力を伝達内容を言語化する過程で直面する問題を処理する方策と、コミュニケーションを円滑に進めるための方策という観点から分析しているが、これは Canal に通じる発想である。［略］本研究では、問題処理の方策を「訂正ストラテジー」、コミュニケーションの効果をあげる方策を「円滑化のストラテジー」とよんで区別し、この二つをあわせたものがコミュニケーションストラテジーであると考える。
> 　　　　　　　　　　　　　（尾﨑, 1993, pp. 20-21, 下線は著者による）

　しかし、これまでのところでは、上記で尾﨑が述べているコミュニケーションの効果をあげる方策について具体的にそれがどのような方策であるかといった共通認識を形成するには至っておらず、未だ発展途上の段階にある。こうした現状は、日本語教育分野に限られたものではなく、第二言語としての英語教育分野でも同様に見受けられるもので、以下のような言及が散見される。

> 　Canal（1983）が、方略的能力はコミュニケーション効果を高めることにも必要な能力であると論じたことを第 2 章（p.14）で述べた。しかし、話者が対話者とのインタラクションでそれを具体的にどのような方法で行っているかについては、ほとんど何も明らかにされていない。また、インタラクションを伴う CS（コミュニケーションストラテジー（引用者加筆））が、具体的にどのような方略なのか、また個人の問題解決型の CS とどのよう

に異なっているのかについてもほとんど未解決のままである。

（岩井, 2000, p. 232）

上記の他、岡（2005）による、「CS をとらえるのに、不十分な言語能力をどのように埋め合わせするかという視点だけでは、効果的なコミュニケーションに結びつかない。最近ではもっと前向きにとらえ、どのようにしたらより効果的に意思伝達が達成されるのかという視点を重視する」（岡, 2005, pp. 49-50）といった言及や、柳瀬（2006）による、「CS は、ただ単に話者個人の語彙力の不足を補うためだけではなく、文法、談話、社会言語学的能力を補うことはもちろん、対話者を含めたコミュニケーションの状況に応じて使われる」（柳瀬, 2006, pp. 107-108）といった言及が見られる。

これらの言及を踏まえると、近年のコミュニケーションストラテジー研究における一つの特徴として、伝統的コミュニケーションストラテジー研究に比べ、コミュニケーションストラテジーそのものが広義に解釈されつつあることがあげられる。それは、上記の岩井（2000）で述べられているように、コミュニケーションストラテジーを個人内の問題としてのみ捉えるのではなく、会話参加者間でのインタラクティブな問題として捉えることへと研究の焦点がシフトしつつあることと深くかかわっている。Brown and Yule（1983）は、会話一般に当てはまる機能として transactional function（交渉的機能）と interactional function（交流的機能）の二つをあげ、警察官が旅行者に道案内するように明確に相手に事実を伝えることを目的とする交渉的機能がある一方、雑談のように対人関係の確立・維持を目的とする交流的機能があることを述べている[2]。こうしたコミュニケーションの様々な在り様を考慮すると、それらをインタラクションの名のもとに包括的に捉えられるようにするためにはコミュニケーションストラテジーの概念を拡張しなければならない。

そこで本研究では、聞き返し発話に関し、コミュニケーションストラテジーとして従来取り上げられてきた問題処理の側面のみならず、インタラクティブ

---

[2] Brown and Yule（1983）では、会話の機能として、雑談のように対人関係の確立・維持を目的とする機能に対し interactional という用語が用いられている。しかし、Brown and Yule（1983）が述べる交渉的機能も会話参加者間での双方向的ななんらかのやりとりに基づくと考えられる。ゆえに、本研究は、インタラクションという用語について、Brown and Yule（1983）のような限定的意味合いではなく、会話参加者間での双方向的ななんらかのやりとり全般を指すものとして用いる。

な視点からコミュニケーションの維持・促進にどのように寄与しているかを幅広く検討する。そのことにより、これまでのコミュニケーションストラテジー研究で手薄となっているコミュニケーションの効果をあげる方策の具体化にとって有益な新たな知見が見出されることが期待される。よって、本研究はコミュニケーションストラテジーの概念をより汎用性のある概念に拡張するための基礎的研究の一環にあるものとして位置づけられると考える。

1.2　聞き返し発話におけるオンライン処理の課題

　聞き返し発話に関して問題処理を目的としていない側面に目を向けることで浮かび上がる新たな問題点は、「学習者にとって聞き返し発話の解釈が困難となる」という点である。例えば、アクドーアン・大浜（2008）は、「日本人学生との会話で頻繁に見られる繰り返しの意図が十分に理解できず、それによって適切な応答に困難を感じることがある」（アクドーアン・大浜, 2008, p. 2）と述べている。ここで問題となっているのは、聞き返し発話の解釈者となった学習者が、母語話者が使用する問題処理を目的としていない聞き返し発話が理解できないことである。

（1）　J16a　3千円貸してや
　　　J16b　<u>3千円？</u>
　　　J16a　うん
　　　J16b　<u>3千円？</u>
　　　J16a　うん、3千円。すぐ返すけん。終わったら
　　　J16b　マジで？
　　　J16a　うん、あした。あしたの。学校で返すけん
　　　　　　　　　　　　　　　　　　　（アクドーアン・大浜, 2008, p. 1）

　上記の例（1）は日本人同士による会話であるが、「3千円？」という聞き返し発話が二度なされている。これらの聞き返し発話に対し、従来の問題処理のストラテジーとして扱う立場に立つと、一つ目の「3千円」に関して、聞き返しの解釈者となるJ16aは「うん」とのみ応答していることから、この聞き返し発話が問題処理を目的とする「確認要求」であると説明できる。しかし、そうすると二つ目の聞き返し発話である「3千円？」は、一体どのように解釈すれ

ばよいのだろうか。既に「確認要求」としての聞き返し発話については、一つ目の聞き返し発話に対する応答「うん」によって解決されているため、再度同じ聞き返し発話を行うことはもはや一つ目のように発話の聞き取り上の問題処理を目的としているとすることはできず、また、J16bが日本人であるため聞き返し発話の対象となっている相手発話の字義的意味が理解できないなどということも考えられない。

　アクドーアン・大浜（2008）で対象とされている発話には、下降調で繰り返す発話の他、上記（1）のように上昇調で聞き返す発話（「？」が記されるもの）が含まれている。繰り返し発話と聞き返し発話との間で考慮すべき違いは、繰り返し発話であれば、応答しなかったとしても、相手もターンの譲渡を明示的に行っていないため、応答しなかったことが即座に問題視されないかもしれない。しかし、明らかに上昇調で聞き返されている場合、明示的にターンが割り当てられるために、その意図が十分に理解できないこと、それにより適切となる応答が分からないことが聞き返し発話の解釈者にとって会話の進行上より切実な問題となる点にある。

　なお、本研究で聞き返し発話と呼んでいる発話は、相互行為分析の分野において「修復」（repair）と呼ぶ、会話が展開する中で構成する一つの過程（セグメント）（西阪，2007）を取り上げる際に言及されることがある。相互行為分析における聞き返し発話の扱いは、「会話における発言の産出・聞き取り・理解に関するトラブルに対処する」（西阪，2007, p. 133）表現として位置づけられてはいるものの、一方で、「対処されるべきトラブルの元（トラブル源）は様々でありうる。それは決して、普通の意味で「間違い」「誤り」とは限らない」（西阪，2007, p. 133）とも述べられている。そして、「重要なことは、修復を行うことは、実際の会話もしくは相互行為の具体的な展開のなかで、様々なことを成し遂げる。」（西阪，2007, p. 133）と言及されている。これに関する具体的な記述として、西阪（2007）によると、報告を受けた者が最初に「へえ」と驚き、そのあと、部分的繰り返し（本研究でいう聞き返し発話）により修復を開始するのは、この部分的繰り返しが「驚くこと」の続きとして、（驚くべき）報告や（驚くべき）物語を受け止めるやり方の一つであると記述されている。また、そうしたやり方が選択される理由は、直前の物語なり報告なりをどう理解したかを示すことができるからであるという。つまり、「直前の発言のなかから、特定の表現をつまみ出すことにより、その発言を十分よく聞いていたこと、そして、それ

を聞いたうえで、その発言の主眼がその表現と関わっていると理解したこと、このことを示している」（西阪，2007, p. 139）と述べられている。こうした記述からも分かるように、聞き返し発話の中には、それを一般的な意味での「間違い」や「誤り」の指摘と理解し応答しても、全く意味がない場合というものがしばしばあるのである。

　アクドーアン・大浜（2008）は上記のように多様な聞き返し発話に関し、それらをいかに理解すべきかという問題意識のもと、当該の発話（聞き返し発話や繰り返し発話）が相手にどのようなものとして受け取られ、会話でどのような働きをしているかを検討している。検討にあたっては、上記（1）が示すような依頼場面に限り、日本語場面とトルコ語場面の双方における意味公式の比較分析を行っている[3]。そこから「トルコ語会話に多く見られた情報要求文に応じる形で提供される情報内容と日本語会話の繰り返しの後に見られた情報内容を比較した結果、それらが同内容であることから日本語の繰り返しとトルコ語の情報要求文が会話の中で同様の働きをしている」（アクドーアン・大浜, 2008, p. 3）とし、結論として「このことは、同様の情報を獲得するために日ト間で方法が異なることを意味している」（アクドーアン・大浜，2008, p. 9）と述べている。しかしながら、上記アクドーアン・大浜（2008）の見解は、次の二点で問題があると考える。まず、繰り返し発話（聞き返し発話を含めて）が依頼場面の他、様々な場面で情報要求文と同様の働きをするかどうかは分からない。そのため、様々な場面で聞き返し発話の意図を理解し、適切に応答するという実際の応用面での疑問が残る。次に、「日本語の繰り返しとトルコ語の情報要求文が会話の中で同様の働きをしている」（アクドーアン・大浜，2008, p. 3）と捉えることは、前掲のアクドーアン・大浜（2008）であげられている（1）に関し、一つ目の聞き返し「3千円？」と二つ目「3千円？」との間で、二つ目の聞き返し発話の解釈者側の認知環境が一つ目の聞き返し発話を受けた時点より改変されている事実を無視していることになる。

　アクドーアン・大浜（2008）の研究は、聞き返し発話を取り上げた先行研究において見過ごされてきた、学習者にとって聞き返し発話の理解が困難となるという新たな問題点を学習者側の視点から指摘した点で特筆すべき研究である。

---

[3] 特定場面（例えば、「断り」）の談話に出現する言語的ストラテジーの構造分析に用いられる、「直接的断り」、「遺憾表明」、「申し開き」、「代案提示」など（Beebe, L. M., Takahashi, T. and Uliss-Weltz, R., 1990）の形でラベリングされた言語表現の分類。

しかし、教育的応用面での提言に性急となりすぎたためか、問題の本質的部分である、聞き返し発話に対するオンライン処理がいかにして実現されているのかという点についての検討が十分なされていないように見受けられる。学習者にとって聞き返し発話の理解が困難となるという問題点の根本的な解決にとっては、場面に応じて解釈される聞き返し発話のオンライン処理がいかにして実現されているのかという点に踏み込んだ検討が不可欠であると考える。

1.3 第1章のまとめ

　第1章では、日本語学習者における聞き返し発話の諸問題に触れつつ、近年のコミュニケーションストラテジー研究の課題について述べ、本研究の位置づけを確認した。

　本研究で聞き返し発話と呼ぶ発話に関し、当該発話以前にある相手発話の一部あるいは全部を上昇調で繰り返す発話と定義するとともに、コミュニケーションストラテジーの先行研究において、日本語学習者によって使用される聞き返し発話の表現が曖昧で、相手に発話意図が理解されず、意思疎通の妨げとなっている問題の解決を困難にしているという点が問題視されてきたことや、そうした問題を解消するための問題処理のストラテジーという視点からの研究が数多く行われてきたことを述べた。一方、コミュニケーションストラテジーの先行研究でしばしば言及される、コミュニケーションの効果をあげる方策については、それを具体的に示した研究が見られないことを指摘した。そして、近年のコミュニケーションストラテジー研究の特徴として、コミュニケーションストラテジーを個人内の問題としてのみ捉えるのではなく、会話参加者間でのインタラクティブな問題として捉えることへと研究の焦点がシフトしつつあることをあげ、コミュニケーションの様々なありようをインタラクションとして包括的に捉えるためには、コミュニケーションストラテジーの概念を拡張する必要があることを述べた。このことから本研究では、聞き返し発話に関し、コミュニケーションストラテジーとして従来取り上げられてきた問題処理の側面のみならず、インタラクティブな視点からコミュニケーションの維持・促進にいかに寄与しているかを幅広く検討することを述べ、本研究が、コミュニケーションストラテジーの概念をより汎用性のある概念に拡張する基礎的研究として位置づけられることに言及した。

　また、会話で母語話者が使用する問題処理を目的としていない聞き返し発話

の解釈が困難であると述べる学習者がいることをあげつつ、聞き返し発話の解釈面を取り上げた先行研究があまり見られないことを指摘し、学習者にとって聞き返し発話の解釈が困難となる問題点を根本的に解決するためには、場面に応じて多様に解釈される聞き返し発話のオンライン処理がいかに実現されるのかを検討する必要があることについて述べた。

　次章では、聞き返し発話の解釈が場面に応じて多様化する点を検討している先行研究を取り上げ、聞き返し発話に対する学習者のオンライン処理が困難となる問題の本質が解釈者としての予測的推論処理が円滑に行えなくなる点にあることを述べる。

2. 先行研究

2.1 エコー的発話の使用（echoic use）

　本研究が聞き返し発話と呼ぶ発話は、認知語用論的アプローチにおいてエコー的発話の使用（echoic use）の下位類として位置づけられており、発話解釈が場面に応じて多様化する点が検討されている（Blakemore, 1994; Carston, 2002; Iwata, 2003; Noh, 1998; Sperber & Wilson, 1995; Wilson, 2006）。Carston（2002）ではエコー的発話の使用に関し、「表示（representation（引用者加筆））がエコー的に使用されているのは、その表示の形式や内容の何らかの側面をその時点の話し手（発話者（引用者加筆））自身以外のだれかに帰属させ、その側面への態度を表出する場合である」（Carston, 2002, pp. 298）とし、以下に示す例があげられている[4, 5, 6]。

(2) a.　A good time to buy, he said.
　　　　「買う好機だ、と彼は言った。」
　　b.　A good time to buy, I don't think.
　　　　「買う好機だ、とは私は思わない。」
　　c.　A good time to buy, indeed.
　　　　「買う好機だ、確かにね。」
　　d.　She eats tom[eIDouz][7].
　　　　「彼女は"トメイドウズ"（トマト）を食べる。」
　　e.　I don't eat tom[eIDouz]; (I eat tom[a:touz].)

4　認知語用論的アプローチでは、発話の意味に関し、発話者にとっての意味と解釈者にとっての意味を区別しており、後者に対し representation という用語を用いている。本研究では representation を意味表示と呼ぶ。この点については、3.1 手続き的意味と解釈者による意味表示の復元 , p.15 で詳述する。

5　Carston（2002）の日本語による引用は内田聖二他訳（2008）『思考と発話―明示的伝達の語用論』による。本研究の引用に関し、原著の日本語訳があるものについては日本語訳のみを記す。ページ番号は原著に基づく。原著の日本語訳がないものや日本語訳があるが訳出が読みにくいと引用者が判断した場合については原文と引用者による訳との両者を記すことにする。

6　本研究では Carston（2002）の（45）a-e を（2）a-e として引用する。

7　半角ブラケット内は特定の発音を示す。

「私は"トメイドウズ"(トマト)を食べるんじゃない。(私は"トマートウズ"(トマト)を食べるんだ。)」

(Carston, 2002, p. 298)

Carston (2002) によると、帰属は明白な場合(コード化されている)もあればそうでない場合もあるという。(2a) の帰属的性質は明示的である。つまり、発話者は単にだれかの発話を伝えているにすぎないかもしれない。あるいは、その命題への発話者自身の態度(容認的あるいは距離をおいた(issociating))を(暗黙裡に)表出するために、買うのに適したときである、ないし適したときであったという命題をエコーしているのかもしれない、と述べている。これに対し (2b) は、帰属は不明であるが距離をおいた態度が明示されている。(2c) では、命題内容の帰属先および命題内容に対しいかなる態度であるかということがいずれも非明示的なままである。なお、語用論的に推論され、命題への態度が距離をおくような類のものである場合、その発話はアイロニーの例(Wilson & Sperber, 1995) となるとされている。最後の二例では、帰属させられているのは発話の形式的側面、すなわちここでは音声形式、である。(2d) では、(おそらく 'she(彼女)' で指示されている人物への)帰属および発話者の態度はともに非明示的である。そして (2e) では、帰属が非明示的である一方、距離をおく態度は否定の使用により完全に明示的である。

また、Blakemore (1994) は、上記のようなエコー的発話の使用(echoic use)の下位類として位置づけられる echo question に関する共通点を次のように述べている。

> In every case, the echo questioner's concern is with whether his utterance is an adequately faithful representation of the previous utterance.
> 全ての場合において、聞き返し発話の発話者の関心は、(解釈としての、(引用者加筆))自らの発話が元の発話についての表示として十分に忠実であるかという点にある。

(Blakemore, 1994, p. 198, 引用者訳)

要するに、上記は聞き返し発話の発話者が発話解釈の忠実性を知ろうとしている、ということである。このことは、前述の西阪 (2007) が「発言の主眼」と呼んでいることとも関連してくるように思われるが、換言すれば、「発話を契

機として活性化された潜在下の思考の共有性について問題視していることを相手に知らせる」ということであると考えられる。ただ、この「発話を契機として活性化された潜在下の思考の共有性について問題視していることを相手に知らせる」とは、あらゆる聞き返し発話に共通する抽象的な意味（文の言語的意味（3.1.1）で詳述）の記述ではあるけれども、このような情報を 1.1.2 で述べた「聞き返し発話の理解が困難となる」学習者に提示したとしても、ほとんどの者にとって「だから何？」ということにしかならず、直面する課題の解決にとってあまり有効な情報とならないであろう。むしろ、重要な点は、聞き返し発話に所与のものとして与えられている情報ではなく、解釈者が発話解釈の過程において主体的に見出した結果としての具体的情報とそれが見出されるメカニズムに関するダイナミックな側面を記述した情報である。この点に関し、認知語用論的アプローチが指摘している重要な点は、上記で Carston（2002）が述べているように、エコー的発話の使用が「命題への容認的態度」だけでなく、その逆とも言える、「距離をおいた（dissociating）態度」を（暗黙裡に）表出し、それらを解釈者がしばしば語用論的に推論しなければならないと述べている点である。このことは、様々な聞き返し発話に対するオンライン処理が解釈者にいかにして実現されているのかを明らかにするには、単に言語的に明示されていることの理解を静的に記述するだけでは不十分であり、上記の語用論的推論という操作過程の内実について解明する必要があることを示している。では、上記で述べられている「命題への容認的態度」や「距離をおいた（dissociating）態度」を導くとされる語用論的推論とは、一体どのように発現するものなのであろうか。この点に関し次節で言及する Gumpers（1982）は、語用論的推論という語を用いているわけではないものの、聞き手の期待（listeners's expectations, Gumpers, p. 33）という語を用い、それがインタラクションに出現する合図が契機となって生じることを述べている。

2.2 予測的処理と合図

Gumpers（1982）によると、会話参加者はインタラクション中にどんな活動が起こっているのか、話し手の言葉をどう理解したらよいのか、ある発話が前後の文脈とどんな関係にあるのかについて、示し、解釈するための合図を使用するとされている。ここでいう合図とは、contextualization cues と呼ばれ、コード・スイッチング、韻律的特徴、定型表現、などがあるとされている。Gumpers（1982）

は、異文化・異人種間の会話におけるインタラクションで生じている誤解のうち、異なる文化や言語的背景を持つ人々が互いに合図に対する異なる期待を持って会話を行うことで生じる場合があることを指摘し、またそのような際に誤解が生じると、会話参加者は合図における理解のずれが原因と捉えるよりも、相手のパーソナリティー・態度の問題（生意気、無愛想）として判断することが多いことを明らかにしている。

　1.1.2 では学習者にとって日本語母語話者の聞き返し発話に対するオンライン処理が課題となることについて述べたが、その一つの要因として、上記 Gumpers が述べる合図を契機として発現する特定の期待が日本語母語話者と異なり、解釈者としての処理が円滑に行えない可能性が考えられる[8]。一方、日本語母語話者にとって聞き返し発話のオンライン処理が可能なのは、上記解釈者としての処理を経験的に知っているからであると考えられる。ただ、合図ということからすると、解釈者のオンライン処理は、出現した発話に対し、その都度処理することだけが行われているのではなく、実際に発話が出現した時点より前に始められている可能性がある。すなわち、解釈者としての処理を経験的に知っているのであれば、実際に発話が出現するまで待たなくとも、解釈者として行うこととなる処理を経験知に基づいて予測的に行うことが可能なはずだからである。

　では、予測的処理として行われる語用論的推論とはどのようなものなのだろうか。また、それを引き起こす契機とどのようにかかわるのであろうか。多様な聞き返し発話に対する母語話者のオンライン処理が予測的推論処理とのかかわりのもとどのような仕組みでなされているかを把握することは、聞き返し発話のインタラクションの実態を明らかにするだけでなく、聞き返し発話に対する学習者のオンライン処理の課題解決にとっても有益となることが考えられる。これまでのところ、聞き返し発話という特定の発話を取り上げ、そのオンライン処理上の予測的推論処理について考察している先行研究は見られないものの、予測的推論処理に深くかかわると考えられる言及はいくつかなされてきている。その中でも主要なものとして、認知語用論的アプローチで提示されている手続

---

[8] 会話参加者同士が何を期待するかということと発話連鎖との関係について、梅木（2009）では、韓日接触場面会話において、相手に情報を求めている発話連鎖で流れに滞りが生じる要因の一つに、双方のターン交換についての期待に異なる点があることを、発話形式の頻度の比較によって明らかにしている。

き的意味と解釈者による意味表示の復元との関係、日本語の感動詞研究で提示されている発話者の心内処理に関する記述、会話・談話研究で言及されるインタラクションと予測とのかかわりがあげられる。これらの言及に対し、次章では、予測的推論処理に関する言語理論的考察として、それぞれの研究上の到達点と問題点とを整理することにより本研究の方向性について明確にする。なお、予測的推論処理の定義については、3.4.3 で述べる。予測的推論処理は、本研究の中心的な概念であるが、具体的に何を指すかという点に関し、上記先行研究を踏まえた上で述べた方が分かり易いと判断し、ここでは予め定義した形として示さないこととする。

2.3 第 2 章のまとめ

　第 2 章では、先行研究をもとに聞き返し発話に対する学習者のオンライン処理が困難となる問題の本質が解釈者としての予測的推論処理が円滑に行えなくなる点にあることを指摘した。

　認知語用論的アプローチにおいて聞き返し発話の解釈が場面に応じて多様化する点について検討されていることを概観した上で、あらゆる聞き返し発話に共通する抽象的意味の記述として「発話を契機として活性化された潜在下の思考の共有性について問題視していることを相手に知らせる」という記述が得られることを述べた。しかし、聞き返し発話に対するオンライン処理が困難となる学習者にとって重要となる情報は、解釈者が発話解釈の過程において主体的に見出す個々の使用文脈ごとでの具体的情報と、それが見出されるメカニズムを記述した情報であり、上記のような抽象意味を記述した情報ではないことを指摘した。その上で、解釈者が発話解釈の過程において主体的に見出す具体的情報に関し、認知語用論的アプローチが語用論的に推論されると言及している点をあげ、様々な聞き返し発話に対するオンライン処理が解釈者にいかにして実現されているのかを明らかにするためには、語用論的推論という操作過程の内実について解明する必要があることを述べた。

　また、語用論的推論の発現に関し、会話参加者はインタラクション中にどんな活動が起こっているのか、話し手の言葉をどう理解したらよいのか、ある発話が前後の文脈とどんな関係にあるのかについて、示し、解釈するための合図を使用するという Gumpers（1982）による指摘をあげ、語用論的推論が合図を契機として発現すること、学習者にとって日本語母語話者の聞き返し発話に対

するオンライン処理が課題となる一つの要因として Gumpers が述べる合図やそれを契機として発現する解釈者としての処理に関する経験知が異なることで、解釈者としての処理が円滑に行えない可能性があることを述べた。さらに、合図や解釈者としての一連の処理に対する経験知の存在を考慮すると、解釈者のオンライン処理は出現した発話に対し、その都度行われているだけでなく、発話の出現時点より前に、予測的に始まる可能性があることを指摘した。以上の言及をもとに、多様な聞き返し発話に対する母語話者のオンライン処理が予測的推論処理とのかかわりのもと、どのような仕組みでなされているかを把握することは、聞き返し発話のインタラクションの実態を明らかにするだけでなく、聞き返し発話に対する学習者のオンライン処理の課題解決にとっても有益であることを述べた。

　しかし、予測的推論処理の視点から聞き返し発話について考察している先行研究が見られないことから、次章では予測的推論処理に深くかかわると考えられる主な言及として、認知語用論的アプローチで提示されている手続き的意味と解釈者による意味表示の復元との関係、日本語の感動詞研究で提示されている発話者の心内処理に関する記述、会話・談話研究で言及されるインタラクションと予測とのかかわりを取り上げ、予測的推論処理に関する言語理論的考察として各研究上の到達点と問題点とを整理することにより、本研究の方向性について明確にすることを述べた。

3. 予測的推論処理に関する言語理論的考察

3.1 手続き的意味と解釈者による意味表示の復元
3.1.1 発話の意味

　意味という語に対し、ここまであまり厳密に規定することなく用いてきたが、本研究が扱う発話の意味について規定しておく。今井・西山（2012）によると、言葉の意味には、意味論的意味と語用論的意味との二種類があると言われている。意味論的意味とは、言語表現だけを解釈することによって得られる意味であり、一方、言語表現にコンテクストをプラスしたものを対象に解釈することによって得られる意味が語用論的意味である。よって、他人に何かを伝達しようと言葉を発した場合、意味論的意味は、具体的なコンテクスト情報（発話者が誰でいかなる意図を有し、解釈者が誰でいかなる信念を有し、どのような状況で発されるかという言語外の諸々の情報）とは独立に存在する、言語体系内に有する情報を指す。これに対し、語用論的意味は、解釈者が具体的なコンテクスト情報に基づいた推論（語用論的推論）を駆使し、突き止めようとする、発話者が当該の言葉によって伝えようとした内容を指している。このように発話解釈において、（オンライン処理かオフライン処理かにかかわらず）意味論的意味を得る過程と語用論的意味を得る過程とは相当に異質なものであり、両者を区別しておくことが重要となる。本研究で述べるオンライン処理の対象となる発話の意味が指しているのは、上記の語用論的意味に相当する。また、たとえ母語話者同士が会話している場合であっても、しばしば誤解が生じることがあるように、発話者にとっての意味と解釈者にとっての意味とは必ずしも一致しない。よって、以下では両者を区別するために解釈者にとっての意味を指す場合、意味表示という用語を用いることとする。

　2.2.2 で解釈者としての経験知の存在について述べたことと関連してくるが、語用論的意味を得る過程で不可欠となる語用論的推論の一部は、既出発話における意味表示の復元処理のみならず、後続発話における意味表示の復元処理においても、それを制約する予測的推論として関与する。具体的には 3.1.5 で言及するが、そこでの議論の前提となる諸概念について、以下 3.1.3 および 3.1.4 を通じて認知語用論的アプローチをもとに予め確認しておくことにする。

3.1.2 語用論的推論

1980年代に認知語用論的アプローチ（関連性理論）が台頭し、言語の意味を研究する分野で語用論的推論という概念が意味論的概念との境界を明瞭にすべく発展しつつある（今井・西山，2012）。「これまで、意味論を論じた書は少なくないが、そのうちのあるものは、語用論的要素を知らず知らずのうちに、あるいは意識的に意味論的記述として取り込んでいる」（今井・西山，2012,「まえがき」viii）。具体的には、次のようなことである。「たとえば、(3) の各文の言語的意味は何かと問えば、多くの人は、対応する (4) の各読みである、と答えるであろう。」（今井・西山，2012, p. 233）[9]

(3) a. ピアノの音が大きい。
    b. ねえ、あなた、肩を揉んでよ。
    c. 交差点で、警察官は太郎の車を止めた。
    d. 太郎は、その部屋に入り、壁にペンキを塗った。
(4) a. 《ピアノを弾いたときに生じる音が大きい》
    b. 《ねえ、あなた、私の肩を揉んでよ》
    c. 《交差点に立っていた警察官が、太郎が運転している車を制止した》
    d. 《太郎は、その部屋に入り、その部屋の壁にペンキを塗った》

（今井・西山，2012, p. 233）

しかし、上記 (4) のそれぞれは、対応する (3) の言語的意味ではない。(4) のそれぞれは、「聞き手［解釈者、引用者加筆］がアクセスしやすいコンテクストの中で語用論的に読み込んだ解釈」（今井・西山，2012, p. 233）である。なぜなら (3) の各文に対し、別のコンテクストにおいては、下記 (5) のような解釈も十分可能となるからである[10,11]。

---

9 本研究では今井・西山 (2012) の (5) を (3)、(6) を (4) として引用する。
10 本研究では今井・西山 (2012) の (7) を (5) として引用する。
11 だからといって、例えば上記 (3) a. の文が言語的意味（意味論的意味，今井・西山，2012）として多義的であるとか曖昧であると考えるのは誤りである。語用論的読み込み（推論）の結果（語用論的意味，今井・西山，2012）が多様なことと、言語的意味が曖昧であることとは全く別の話であって、(3) a. の文には言うなれば「ピアノと関係 R を有する音が大きい」といった言語的意味が唯一あるだけである（今井・西山，2012）。「ピアノと関係 R を有する音が大きい」における「R はスロット（自由変項）であり、コンテクスト

(5) a. 《ピアノをビルの屋上から落としたときに生じる音が大きい》
　　b. 《ねえ、あなた、あの男の肩を揉んでよ》
　　c. 《交差点で、太郎の車を運転していた警察官がブレーキを踏んで止めた》
　　d. 《太郎は、その部屋に入り、窓から身体を乗り出して、隣の部屋の壁にペンキを塗った》

(今井・西山，2012, p. 233-234)

　上記のように、「われわれは、文の言語的意味を捉えているつもりでありながら、それと気づかぬうちに語用論的読み込みを深く浸透させている」(今井・西山，2012, p. 234)。この事実は、逆にいうと発話解釈という認知的操作は、発話として明示されない意味のみならず、明示的発話の意味を解釈する上でさえ、コンテクストに照らした「肉づけ」が不可欠であることを示している。そうした解釈者が解釈を定めるのに要する「肉づけ」を指して、認知語用論的アプローチは、語用論的推論あるいは語用論的操作と呼んでいる。認知語用論的アプローチでは、語用論的推論の働きこそが言語コミュニケーション成立の基盤となると捉える。この立場は、伝統的にコミュニケーションモデルとして考えられてきたコードモデル (Shannon & Weaver, 1949) が唱える、話し手が自らのメッセージを言語に記号化し、それを聞き手がメッセージとして解読することでコミュニケーションが成立するという説明による不備を指摘し、以下に示す言語的 (意味) 決定不十分性のテーゼ (linguistic underdeterminacy thesis) を提唱している。

　　発話の言語的意味論 (linguistic semantics)、言い換えれば、使用された言語表現にコード化されている意味 (言語体系における比較的安定した意味、体系の使用者が属する共同体の間で広く共有された意味) は、表出命題 (言われていること) を十分に決定しない

(Carston, 2002, p. 19-20)

　上記テーゼは、言語コミュニケーションが発話者と解釈者による同一コード

から適当な値が入りうる位置を示している」(今井・西山，2012, p. 238)。言語的意味が曖昧であるというのは、英語の「people like us」が「我々のことが好きな人々」として読まれるか「我々のような人々」として読まれるかといったことや、日本語の「我々が好きな人々」が「我々のことが好きな人々」として読まれるか「我々に好まれる人々」として読まれるかといったことを指す。

の共有を前提としていないことを示している。このことは、日常の発話解釈が誤解のリスクを伴い、しばしば発話者の意味の理解まで解釈者が到達しないことも起こり得ることから帰結されることである。そして、認知語用論的アプローチがコードモデルを含め、これまでに提案されてきた様々なコミュニケーションモデルと決定的に異なる点は、次節で述べるように、単にコミュニケーションの成立を説明するだけでなく、我々のコミュニケーション上で働く語用論的推論にかかわる効率的認知システムについて説明している点にある。

3.1.3 コミュニケーションの推論モデル

　語用論的推論を基盤とするコミュニケーションモデルは、コミュニケーションの推論モデルとしばしば呼ばれる。これは Grice（1957）による meaning$_{NN}$ の規定を源として発展してきたモデルである。

　Grice は、日常で用いられる「意味する」ということに関し、natural/ non-natural を以下のように区別する。(6) が natural meaning（meaning$_N$）であり、(7) は non-natural meaning（meaning$_{NN}$）である。

(6) Those spots mean measles.
　　「それらの斑点は麻疹を意味する。」
(7) That remark means he has measles.
　　「その発言は彼が麻疹であることを意味する。」

両者は下記のような言い換えの可否から区別される。(8) は (6) の言い換えとして成立するが、(9) は (7) の言い換えとしては成立しない[12]。

(8) The fact that he has those spots means he has measles.
　　「彼にそれらの斑点があるという事実は彼が麻疹であることを意味する。」
(9) ??The fact that he made that remark means he has measles.
　　「?? 彼がその発言をしたという事実は彼が麻疹であることを意味する。」

　Grice の関心は、(7) において「意味する」(meaning$_{NN}$) ということを、発話

12　(7) の「その発言」が特殊な暗号のようなものであった場合、(9) は成立しても、(7) は成立しない。したがって、(9) は (7) の言い換えとして成立しない。

者による意図やその意図に対する解釈者の認識という観点から規定することにあった。ここでいう意図について Grice は以下のように述べている。

> A first shot would be to suggest that "x meant$_{NN}$ something" would be true if x was intended by its utterer to induce a belief in some "audience" and that to say what the belief was would be to say what x meant$_{NN}$. This will not do. I might leave B's handkerchief near the scene of a murder in order to induce the detective to believe that B was the murderer; but we should not want to say that the handkerchief (or my leaving it there) meant$_{NN}$ anything or that I had meant$_{NN}$ by leaving it that B was the murderer. Clearly we must at least add that, for x to have meant$_{NN}$ anything, not merely must it have been "uttered" with the intention of inducing a certain belief but also the utterer must have intended an "audience" to recognize the intention behind the utterance.
>
> まず思い当たることとして、「x が何かしら意味する」ということは、x がその発話者によって聞き手（解釈者（引用者加筆））にある信念を加えるよう意図されたものであれば、真となり、その信念が何であるかを言うということは、x が何を意味するかを言うということであろう。これでは十分ではない。仮に私が B が殺人犯であると探索者に思わせようとして、殺人現場の近くに B のハンカチを落としておいた場合、我々は、私が現場に残したハンカチが何かしら意味している、あるいは私が B が殺人犯であることをハンカチを残すことによって意味しているとは言いたくないであろう。明白なことであるが、我々は、x が何かしら意味したということには少なくとも、単にある信念の変更を意図して発話されていなければならないということだけでなく、その発話が、背後にある意図を聞き手［解釈者、引用者加筆］が認識するように意図されたものでなければならないということを加えねばならない。
>
> (Grice, 1957, p. 381-382, 引用者訳)

従って、以下の例を Grice は meaning$_{NN}$ とは見なさない。発話者は解釈者の信念を変更しようとする意図に関し、それが認識される証拠を明らかに（意図明示的に）提供しているものの、解釈者の信念の変更が発話者の意図を認識する

ことに依存していないことによる[13]。

(10) Herod presents Salome with the head of St. John the Baptist on a charger.
「Herodが洗礼者聖ヨハネの首を大きな皿に載せてSalomeに差し出す。」
(11) Feeling faint, a child lets its mother see how pale it is (hoping that she may draw her own conclusions and help).
「めまいを感じ、子供は母親に顔色の様子を見させる（母親が自ら結論を導き、介抱してくれることを望んで）。」
(12) I leave the china my daughter has broken lying around for my wife to see.
「私は娘が割った陶磁器を妻の目につくよう放置しておく。」

(Grice, 1957, p. 382, 引用者訳)

Herod intended to make Salome believe that St. John the Baptist was dead and no doubt also intended Salome to recognize that he intended her to believe that St. John the Baptist was dead. Similarly for the other cases. Yet I certainly do not think that we should want to say that we have here cases of meaning$_{NN}$.

What we want to find is the difference between, for example, "deliberately and openly letting someone know" and "telling" and between "getting someone to think" and "telling."

Herodは、Salomeに洗礼者聖ヨハネの死を信じさせようと意図し、そして洗礼者聖ヨハネの死をSalomeが信じるよう意図していることを、紛れもなくSalomeに認識させようと意図している。他の事例についても同様である。にもかかわらず、私は、我々がこれらのケースをmeaning$_{NN}$として扱うと言おうとすべきとは思わない。

我々が見出したいことは、意図的に明らかに誰かに知らせるということと、言うということとの間における違いであり、誰かに考えさせるということと、言うということとの間における違いである。

(Grice, 1957, p. 382, 引用者訳)

Griceにとって、単に誰かに特定の対象、あるいはある振る舞い方を見せるこ

13　本研究ではGrice (1957) の (1) を (10)、(2) を (11)、(3) を (12) として引用する。

とと、その対象や振る舞い方によって何かしらが意味されることとの区別は、発話者の伝えようとする情報を引き出す上で伝えようとする意図の復元が不可欠となる情報であるか、復元が不要な情報であるかという点から区別されている。以下を見られたい[14]。

(13) I show Mr. X a photograph of Mr. Y displaying undue familiarity to Mrs. X.
「私は Y が X の奥さんと深い仲をうかがわせる写真を X に見せた。」
(14) I drew a picture of Mr. Y behaving in this manner and show it to Mr. X.
「私は Y が X の奥さんと深い仲をうかがわせるように振る舞っている絵を描き、それを X に見せた。」

I find that I want to deny that in (13) the photograph (or my showing it to Mr. X) meant$_{NN}$ anything at all; while I want to assert that in (14) the picture (or my drawing and showing it) meant$_{NN}$ something (that Mr. Y had been unduly unfamiliar), or at least that I had meant$_{NN}$ by it that Mr. Y had been unduly familiar. What is the difference between the two cases? Surely that in case (13) Mr. X's recognition of my intention to make him believe that there is something between Mr. Y and Mrs. X is (more or less) irrelevant to the production of this effect by the photograph. Mr. X would be led by the photograph at least to suspect Mrs. X even if instead of showing it to him I had left it in his room by accident; and I (the photograph shower) would not be unaware of this. But it will make a difference to the effect of my picture on. Mr. X whether or not he takes me to be intending to inform him (make him believe something) about Mrs. X, and not to be just doodling or trying to produce a work of art.

私は (13) のような写真（あるいは私がそれを X に見せること）が何かしら意味しているということを否定する。しかし、(14) のような絵（あるいは私が描いて、それを X に見せること）が何かしら（Y が深い仲をうかがわせること）を意味しているということ、少なくとも、私がそれによって、Y が深い仲をうかがわせることを意味しているということを主張する。二つのケースで何が異なるのか。(13) の場合、私が X に

---

14 本研究では Grice (1957) の (1) を (13)、(2) を (14) として引用する。

YとXの奥さんとの間には何かがあると思わせようとしている、といった私の意図に対し、Xが認識することは、写真が効果をもたらすことと無関係である。Xは、たとえ私が写真を見せる代わりに、たまたま写真を彼の部屋に置き忘れ、それに気づいていなかったとしても、写真により奥さんに対する疑いを抱いていたであろう。しかし、彼が、私が彼に奥さんについて伝えようとしている（何か思せようとしている）のであって、ただの落書きあるいは芸術作品を生み出そうとしているのではないと見なすかどうかということが、Xにおける私の絵の効果にとって重要となる。

（Grice, 1957, pp. 382-383, 引用者訳）

すなわち、先に述べた（10）「Herod presents Salome with the head of St. John the Baptist on a charger」と上記（14）「I drew a picture of Mr. Y behaving in this manner and show it to Mr. X」では双方とも（発話者が）伝えようとする意図に対する（発話者からの）証拠が明示的に提供されている。しかしそれらの意図を（解釈者が）参照することが（発話者が）伝えようとする情報を（解釈者が）得る上で不可欠か否かという点において、(10) は不要であるのに対し、(14) は不可欠である。(10) の場合, 伝えようとする情報とは、St. John the Baptist が死んだ、などであり、(14) の場合、YがXの奥さんと深い仲をうかがわせる、などである。(10) では、発話者が意図的であることを証拠とするまでもなく、St. John the Baptist が死んでいることは自明である。一方、前述のように (14) の場合、発話者が伝えようとしている情報であるという確信を解釈者が得るには、発話者が意図的であることを証拠として得なければならない。

なお、以下に示すように解釈者に引き出される意味表示の元となる刺激は、非言語的刺激であっても、解釈者が発話者により故意に何かしら伝えるように意図されたものとして受け取る限りで meaning$_{NN}$ として扱われる。

> If I frown spontaneously, in the ordinary course of events, someone looking at me may well treat the frown as natural sign of displeasure. But if I frown deliberately (to convey my displeasure), an onlooker may be expected, provided he recognizes my intention, *still* to conclude that I am displeased. Ought we not then to say, since it could not be expected to make any difference to the onlooker's reaction whether he regards my frown as spontaneous or as intended to be informa-

tive, that my frown (deliberate) does *not* mean$_{NN}$ anything? I think this difficulty can be met; for though in general a deliberate frown may have the same effect (as regards inducing belief in my displeasure) as a spontaneous frown, it can be expected to have the same effect only *provided* the audience takes it as intended to convey displeasure. That is, if we take away the recognition of intention, leaving the other circumstances (including the recognition of the frown as deliberate), the belief-producing tendency of the frown must be regarded as being impaired or destroyed.

　私が自然の成り行きとして、思わず顔をしかめるなら、私を見た人はしかめ面を不快感の自然的サインだと見なして当然であろう。しかし私が故意に（不快感を伝えるために）顔をしかめる場合にも、おそらく傍らで見ている人は、私の意図を認識する限りで、やはり私が不快に思っていると結論するものと予想される。しかし、私のしかめ面が自然なものと見なされる場合にも情報提示の意図を伴うものと見なされる場合にも、見る人の反応には違いがないのだから、私の（故意の）しかめ面は何も意味してはいないと言うべきではないのか。しかし、この困難には対処できると思う。確かに故意のしかめ面も自然なしかめ面も（私が不快であることを相手に信じさせる点では）一般に同じ効力を持つけれども、両者がそのように同じ効力を持つと期待できるのはひとえに、受け手が故意のしかめ面を不快感を伝えるように意図されたものとして受け取る限りにおいてである。意図の認識という点だけを取り去って、それ以外の事情（しかめ面が故意のものであることの認識を含む）を同様にしておくなら、しかめ面が信念を呼び起こす傾向性は弱められるか、無力化されると見なさざるを得ない。

（Grice, 1957, p. 383, 引用者訳）

以上をもとに Grice は meaning$_{NN}$ の規定条件を以下のように一般化している。

"*A* meant$_{NN}$ something by *x*" is roughly equivalent to "*A* uttered *x* with the intention of inducing a belief by means of the recognition of this intention."
　「*A* が *x* によって何かしら意味するということは、粗く言えば、*A* が信念を変更しようと意図し、その意図が気付かれるようなやり方によって、*x*

を発話するということに相当する。」

(Grice, 1957, p. 384, 引用者訳)

上記は Grice（1989）で再定式化され、以下のものが提示されている。

"U meant something by uttering x" is true iff, for some audience A, U uttered x intending:
(1) A to produce a particular response r
(2) A to think (recognize) that U intends (1)
(3) A to fulfill (1) on the basis of his fulfillment of (2).

「Uはxを発話することで何ごとかを意味した」が真であるのは、ある受け手Aに関して、Uが次のことを意図しながらxを発話した場合であり、その場合に限られる：
(1) Aが特定の反応rを示すこと
(2) AがUは（1）を意図していると思う（認識する）こと
(3) Aが（2）の実現を踏まえて（1）を実現すること

(Grice, 1989, p. 92, 引用者訳)

つまり Grice は、発話者（U）が伝えようとする情報を解釈者（A）が引き出すことにとって、伝えようとする意図の復元こそが中心的役割を担うと見なし、meaning$_{NN}$ か否かを（発話者が）伝えようとする意図が証拠として関与するか否かという点から区別する。下記図 3.1 は、Grice による meaning$_{NN}$ の規定を筆者が図式化したものである。

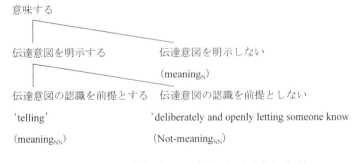

図 3.1　meaning$_{NN}$ の規定（Grice（1957）をもとに作成）

そして、認知語用論的アプローチは、上記 Grice による分析を出発点に人間の普遍的な認知システムに関する総合的な研究に基づき、伝達の推論モデルとして理論化し、発展させてきた。認知語用論的アプローチでは、発話解釈における文脈の働きを重視しており、一般的に考えられているものよりも含まれるものが広く捉えられている。認知語用論的アプローチでいう文脈とは、「心理的な構成概念（psychological construct）で、世界についての聞き手（解釈者（引用者加筆））の想定の部分集合」（Sperber & Wilson, 1995, p. 15）として定義される[15]。「この意味での文脈とは、その場の物理的環境やすぐ直前の発話だけに限らない。将来に関する期待、科学的仮説、宗教的信仰、逸話的記憶、一般的な文化的想定、話し手（発話者（引用者加筆））の心的状況に関する確信、が全て解釈の中で役割を果たす可能性がある。」（Sperber & Wilson, 1995, p. 15）とされている。ただし、人間の認知システムは多様な文脈情報を対等に扱うわけでなく、ある特定の情報に他より多くの注意を払おうとする傾向があるとし、ある特定の情報を処理する際も、あらゆる文脈情報を参照しようとはせず、ある特定の情報を参照し、の中で処理しようとするという。このような選択が可能であるのは、関連性と呼ばれる理論的概念に支配されていると考え、以下のような、関連性の原則 1（cognitive principle of relevance）を仮定する。

関連性の原則 1（cognitive principle of relevance）
人間の認知は、関連性が最大になるようにできている。

（Sperber & Wilson, 1995, p. 260）

認知語用論的アプローチでは、ある発話が既存の文脈を変化させることを「認知効果（cognitive effect）」をもたらす「文脈効果（contextual effect）」と呼ぶ。つまり、文脈効果が得られる場合、そして、その場合に限り、当該発話は関連性を有すると見なす。それゆえ関連性は、程度性を持ち、導き出される文脈効果の度合いが大きいほど、その発話の関連性が高いということになる。一方、発話解釈には処理コストがかかるため、得られる文脈効果の大きさが同一である場合、処理コストが低い程、当該発話の関連性は高くなると考える。これらのことは、以下の通り定式化されている。

15　日本語による引用は内田聖二他訳（1999）『関連性理論―伝達と認知―第 2 版』による。

個人にとっての関連性（分類的）

　想定は、ある特定の時点で、ある個人にとって呼び出し可能な文脈のひとつないしそれ以上の何らかの正の認知効果を持っていれば、そして、その場合に限りその時点でその個人にとって関連性を持つ。

個人にとっての関連性（相対的）

　程度条件1：想定は、それが最適に処理された時に達成される正の認知効果が大きいほど個人にとって関連性がある。

　程度条件2：想定は、このような正の認知効果を達成するのに必要な労力が小さいほど個人にとって関連性がある。

（Sperber & Wilson, 1995, p. 265）

上記に見られる想定（assumption）とは、「（作り事、願望、意味表示の意味表示に対して）個人が現実世界の意味表示として扱う思考のことをいう」(Sperber & Wilson, 1995, p. 2)。そして、「思考というのは（感覚意味表示や感情状態に対して）概念的な意味表示を意味する」(Sperber & Wilson, 1995, p. 2)。つまり関連性理論では、物理的な問題を境に人間における内界か外界かという区分を設けるのではなく、認知された対象は全て想定として捉えられている。

先に関連性の大きさは、文脈効果と処理コストとの相関により決定されることを述べたが、発話から導き出される文脈効果として、以下三つのタイプが区別されている。ある発話が既存文脈と組み合わされることで新しい含意を生み出す場合を「文脈含意（contextual implication）」と呼ぶ。また、ある発話が既存の文脈の確信度を高める場合を「強化（strengthening）」と呼び、ある発話が既存の文脈と矛盾し、既存の文脈を消去する場合を「矛盾（contradicting and eliminating）」と呼んでいる。

認知語用論的アプローチは、人間の認知が関連性が最大になるようにできていると仮定する理由を、生物的機能の一つである認知において、生物的機構一般の適応機構、ダーウィン流の自然淘汰過程の結果としての認知機構を認めることに求める。生物機構の一変異体が他の変異体よりもよく機能する仕方には様々あり、それによってもたらされる利益の種類には、質的な場合もあれば、同種の利益がより大きく、もしくはより低いエネルギーコストで達成できる場合のように量的な場合もある。質的改善の淘汰圧（selection pressure）は、遺伝子型や環境の変化とともに絶えず変化するが、量的改善の淘汰圧は、比較的安

定した要因である。したがって、一般的なこととして、安定した機能を持った耐久性のある生物機構はコストと利益のバランスが良くなるように、すなわち、効率性が高くなるように進化したであろうということである（Sperber & Wilson, 1995）。換言すれば、我々は、筋肉の構造、配置、動き方には筋肉の機能である身体運動を行うエネルギーコストを最小にする傾向があると期待してよいのと同様に、認知機構の仕組みには、効率を最大にする傾向があることを期待してよい（Sperber & Wilson, 1995）。また、人間の認知は、多くの分化した機構の共同産物であり、各認知機構は認知効果の形でそれぞれ質的に異なる利益を供給している。各機構に対しては、コストに対する利益を最適にするべく圧力がかかっている。このような認知機構をひとまとめにして認知システムが出来上がっている。システム全体の効率は、下位機構が互いにどのように有機的に関連づけられているかということと、システムの資源が各機構間でどのように共有されているかということによって決まる。したがって、有機的関連づけと資源の配分は、最も関連性のある利用可能な情報が最も関連性のある形で処理される可能性を最大にするようになっていなければならない（Sperber & Wilson, 1995）。

　以上のような認知的性向から、次に示す「最適な関連性の見込み」を持つことに帰結する。

　　最適な関連性の見込み（修正版）
　　(a) 意図明示的刺激は受け手がそれを処理する労力に見合うだけの関連性がある。
　　(b) 意図明示的刺激は伝達者の能力と優先事項に合致する最も関連性のあるものである。
　　　　　　　　　　　　　　　　　　　　　　（Sperber & Wilson, 1995, p. 270）

　上記 (a) は、発話者が発話する際に持ち得る想定と、それを解釈者が受け入れる際に持ち得る想定の記述である。一般的に、発話者は発話する際、解釈者の注意を引く必要がある。解釈者が発話に注意を示してくれなければ、伝達は失敗するからである。そして、解釈者に余計なコストをかけさせず、最大の文脈効果を得られるように発話することが最も効果的となる。それゆえ、解釈者は、発話者の発話を「処理する労力に見合うだけの関連性がある」と見込んでよい。

これに対し(b)は、発話者の伝達態度に関する記述である。「たとえば、学生にとって、明日の試験問題の中身は、たいへんな認知効果のあることであり、その意味できわめて関連性のある情報であろう。しかし、問題作成者である教師と学生との会話において、教師が学生に、明日の試験問題の内容を教えるわけにはいかないのである」(西山, 1999, p. 38)。このように発話者は、発話状況のなんらかの理由で伝達能力が制限される場合がある。それゆえ発話は、発話状況における発話者の伝達能力と優先事項とが両立する範囲内で達成可能な最も関連性のあるものとして考えられるということである。

上記の「最適な関連性の見込み」に基づき、伝達意図が明示的である場合、発話者は自分の発話が処理コストを払い解釈するに値する程に関連性があること、およびそのことを解釈者が理解するように意図しているということを自動的に伝える、という意味で、以下、関連性の原則2 (communicative principle of relevance) に帰結する。

関連性の原則2 (communicative principle of relevance)
全ての意図明示的伝達行為はそれ自身の最適の関連性の見込みを伝達する。
(Sperber & Wilson, 1995, p. 260)

したがって解釈者は、発話者の発話を「既に最適な関連性を有している発話」であることを想定し、解釈しようとする。そのために発話の意味は、使用された言語的性質の他、語用論的に決定される。Griceは言われている内容(what is said)と、言われておらず推論されている推意内容(what is implicated)とを区別し、推意内容の決定を説明するにあたって、協調の原則と格率とを仮定し、これらと実際になされた発話との間でなされる相互作用(語用論的推論のプロセス)として説明した。これに対し、認知語用論的アプローチでは、Griceのいう推意内容(what is implicated)のみならず、言われている内容(what is said)の決定についても、語用論的推論の関与を認めている点で異なっている(今井・西山, 2012の例に基づく言及, p. 16-17を参照)。これら語用論的に決定されるあらゆる側面に対する統一的説明を与える原理として上記した関連性の原則2が仮定されている。

認知語用論的アプローチにおける発話解釈のプロセスは、「表意(explicature)」、「高次表意(higher-level explicature)」、「推意(implicature)」の三つのレベルから

捉えられている[16]。「表意とは、言語的にコード化される概念的特徴と文脈上推論される概念的特徴の結合体である」(Sperber & Wilson, 1999, p. 182)。表意を形成するプロセスでは、多義語などにおける意味の曖昧性を除去する「一義化」、発話に用いられた指示表現の指示対象を同定する「指示付与」、そして前の両者のみでは、関連性の原則に一致した意味表示が得られない場合に意味表示を拡充する「拡充」の三つの作業が行われる。ただし、これらの作業の結果として得られる意味表示は、表意の中でも最も低次に位置づけられるものであり、特に表出命題と呼ばれている（Sperber & Wilson, 1995）。そして、発話の意味表示は常に表出命題のみから成るわけでない。発話は、しばしばそれが表す意味表示に対する様々な発話者の態度（propositional attitude）を伴って伝えられる場合もあるからである。そのため、認知語用論的アプローチでは、命題態度には、発話行為論（Austin, 1975; Searle, 1969）が扱ういわゆる、言明（saying）、指示（telling）、質問（asking）といった発語内行為の力（illocutinalry force）が含まれており、発話が命題態度を伴う場合、先ほどの表出命題に対し、より高次の意味表示を成す要素（高次表意）として組み込まれた表意が形成されると考える[17]。

表意が発話の言語的特性に肉づけすることで得られる想定であるのに対し、発話の言語的特性と直接的な繋がりを持たない想定が解釈者に導かれる場合もある。例えば、下記発話（15）の解釈者は言語的特性に肉づけすることで（16）のような表意を得る（Blakemore, 1992）。

(15) Your paper is too long.
　　　「君の論文は長すぎだよ。」[18]

16　関連性理論における推意 (implicature) は Grice の推意内容 (what is implicated) の一部に相当する。なお、Grice の推意内容はさらに、「会話の推意」(conversational implicature) と「慣習的推意」(conventional implicature) とに分けられ、「会話の推意」は「一般的会話の推意」(generalized conversational implicature) と「特定的会話の推意」(particularized conversational implicature) とに分けられている。Grice は語用論的推論が専ら推意内容に働くと見なす。

17　Austin (1975) と Searle (1969) に端を発する発話行為論では、何らかの語を発する発語行為、発語行為を行いつつ言明や質問といった何らかの行為を行う発語内行為、発語・発語内行為を行うことで、聞き手の考えに変化などを生じさせるといった発語媒介行為を総称し、発話行為と呼ばれる。

18　日本語による引用は武内道子・山﨑英一訳（1994）『ひとは発話をどう理解するか』

(16) The article that the hearer has written is too long for the conference.
「聞き手（解釈者（引用者加筆））が書いた論文は例の学会には長すぎる。」

(Blakemore, 1992, p. 123)

一方、同じ発話（15）が以下（17）に示すように「学会では発表できるかな」という質問に対する答えとして発話された場合、（17）Bの発話の解釈者は表意（16）の他、（18）のような結論的想定をも得るであろう（Blakemore, 1992）。

(17) A : Did I get invited to the conference?
　　　「学会では発表できるかな。」
　　 B : Your paper was too long.
　　　「君の論文は長すぎだよ。」

(18) Speaker A did not get invited to the conference.
「話し手A（解釈者（引用者加筆））は学会には呼ばれなかった。」

(Blakemore, 1992, p. 123)

上記の場合、結論的想定（18）とは解釈者において、表意（16）と以下に示すような文脈から見出される仮定的な想定（19）とが組み合わされることにより初めて得られる。したがって、結論的想定（18）は発話（17）の言語的特性から肉づけすることで得られる想定ではない。

(19) If your paper is too long for the conference you will not be invited.
「もし君（解釈者（引用者加筆））の論文が学会には長すぎるならば君は学会で発表できない。」

(Blakemore, 1992, p. 124)

認知語用論的アプローチでは上記結論的想定および仮定的想定の両者を推意（implicature）と呼んでいる。ではなぜ解釈者には、原理的には他の推意を導き出せたにもかかわらず、（18）のような特定の推意が導き出せるのか。それは推意（18）がこの場合の解釈者にとって、最少のコストで導き出せる最大の文脈による。

効果を持つものであった（＝最適の関連性を満たす）ことによる。すなわち、この場合の解釈者にとって最も関心のあることは、「学会での発表の可否」であるため、この解釈者は推意（18）を導き出した以上に処理コストを払うことはせず、推意（18）を「発話者が解釈者に伝達するよう意図したこと」として見なす（解釈する）こととなる。ただし、このことは当然のことながら、「発話者が解釈者に伝達するよう意図したこと」に一致した解釈を常に解釈者が得るということを意味しない。発話（17）の発話者が、あえて直接的に「君は学会には招かれていないよ。」とは言わず発話（17）のように間接的な言い方をしたわけは、論文の内容が悪かったわけでないことを示すことで解釈者を慰めようとしていたのかもしれない。仮にそうであったなら、発話者は結果的に、間接的な返答による余分な処理コストを解釈者が払うことに見合うと思っていた推意に関しては解釈者に見出してもらえなかったことになる。いずれにしても推意の復元は、解釈者が導き出せる文脈仮定に依存しており、それを判断する発話者のみに依存する。つまり発話者が解釈者により導き出される推意仮定の選択に課す制約を強めるほど、結果としてより確定的に推意が生じ（強い推意）、逆に制約を弱めるほど、生じる推意は不確定となる（弱い推意）。解釈者の推意仮定の選択に対する制約が全くない場合は、その発話には推意が存在しない[19]。

3.1.4　発話解釈に要する情報の区分

　認知語用論的アプローチから提示されている知見において聞き返し発話のオンライン処理を考察する際に有益となるのは、「発話解釈への制約」が存在し、それが働くメカニズムを明らかにしている点にある。認知語用論的アプローチでは、発話によって伝達される情報において次頁図3.2のように、概念的意味を持つものと、手続き的意味を持つものとが明確に区別されている。

19　Blakemoreは以下（20）のBに関し、「話し手（解釈者（引用者加筆））に自分の発話の解釈され方［*sic*］について事前の予想が全くない場合である。」（Blakemore, 1992, p. 129）とし、「推意が全くない場合である」（Blakemore, 1992, p. 129）としている。

(20)　A：Did I get invited to the conference?
　　　　「学会では発表できるかな。」
　　　B：No, you didn't.
　　　　「いや、できないよ。」

　　　　　　　　　　　　（Blakemore, 1992, p. 128）

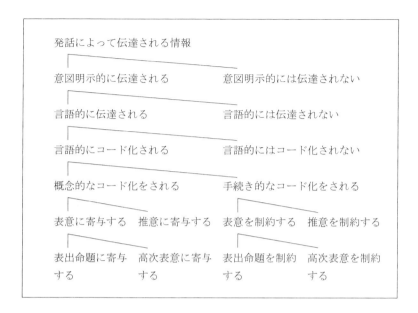

図3.2　Wilson & Sperber（1993）による分類

　発話の概念的意味とは、意味表示の構成として直接貢献する情報である。一方、言語が記号化する対象は、概念や命題や真理条件的意味に限られない。発話の手続き的意味とは、発話を理解していく方向や手順といった過程上の処理を指定する情報である。

　Blakemoreは、談話標識と呼ばれるwellやsoあるいはhoweverに対し、語の意味としての表現不可能性（descriptive ineffability）について次のように述べる。

　　A native speaker who is asked what these words（soやhoweveなどの談話標識（引用者加筆））mean is more likely to provide a description or illustration of their use than a straightforward paraphrase. Moreover, native speakers are unable to judge whether two of these expressions – e.g. but and however – are synonymous without testing their intersubstitutability in all contexts.

　　これらの語（soやhoweveなどの談話標識（引用者加筆））が何を意味するかを尋ねられた母語話者は直接的な言い換えより使い方の例示によって答えようとすることが多い。さらに、母語話者は、例えばbutと

however のような二つの表現が同意語であるかどうかについて、あらゆる文脈で言い換えられるかをテストしないことには判断できない。

(Blakemore, 2011, p. 3539, 引用者訳)

では、上記のように談話標識が特定の概念との結びつきを持たないのだとすると、我々はそれらの語からいかにして意味表示を導き得るのか。これに対しBlakemore は、談話標識とは、導入した後続の発話がどのようにして解釈されるかを示す役割を果たすといった（意味論的）制約として性格づけられることを主張している（Blakemore, 2011, p. 3539）。

例えば、以下（21）に示す so が意味していることは、"You've spent all your money " という発話が当該の文脈において、どう関連性を達成するかということを予め示していることであると説明されている[20]。

(21) [hearer arrives laden with parcels] So you've spent all your money.
「(聞き手が荷物の山を抱えて部屋に入ってきて) そうすると君はお金を全部使っちゃったんだ。」

(Blakemore, 2011, p. 3539, 引用者訳)

そして、談話標識が持つ作用は談話標識の後に続いていたであろうことが解釈者に想定される発話（の命題）の復元にも及ぶ。例えば、課題を提出し損ねた学生の説明（言い訳）を秘書がかいつまみ、伝言として伝えられた大学の教員が "Nevertheless" と発したとすれば、その解釈者には、以下（22）から（25）のように想定される（Blakemore, 2011）[21]。

(22) The student could have handed in some of the work.
「学生は作業の一部を提出している可能性がある。」
(23) The student's circumstances do not justify bending the rule.
「学生の状況はルールを曲げることに値しない。」
(24) There are other students whose circumstances have been difficult.
「状況が困難だった学生は他にもいる。」

---

20 本研究では Blakemore（2011）の（3）を（21）として引用する。
21 本研究では Blakemore（2011）の（5）a-d を（22）-（25）として引用する。

(25) The student could have tried harder.
　　　「学生はもっとがんばれたはずだ。」

（Blakemore, 2011, p. 3539, 引用者訳）

　当然のことながら、上記以外に他の例が想定される可能性もある。しかし上記の場合に解釈者が想定し得ることは、一定の範囲があり、その想定が何であれ、nevertheless により活性化される特定の推論にかかわる想定でなければならないという意味においての制約を受けている。同様に、「手続きの記号化」という分析は、so、however、well といった表現が文脈により復元する解釈が多様となる事実に対しても有効な説明を与えてくれる。例えば、以下に示す so について考えてみる[22]。

(26) He's not feeling very well. So he's canceled the lecture.
　　　「彼はあまり具合がよくない。それゆえ講義をキャンセルした。」
(27) [speaker enters room] So when do you want to leave?
　　　「(話し手が部屋に入り) それでいつ出発したいんだい？」
(28) [hearer arrives laden with parcels] So you've spent all your money.
　　　「(聞き手が荷物の山を抱えて部屋に入ってきて) そうすると君はお金を全部使っちゃったんだ。」(再掲 (21))
(29) [child to school-friend who is staring at him] So?
　　　「(子供が自分を凝視している友達に対して) それで？」

（Blakemore, 2011, p. 3540, 引用者訳）

　上記いずれの so においても、特定の概念に相当すると見なすことができない。むしろ、与えられた文脈における概念的意味表示に関する特定の想定の束を派生する手続きが記号化されている。すなわち、so は文脈と相互作用し、異なる文脈では so に記号化されている手続きが異なる解釈を与える。解釈者は so に記号化された制約に合った想定を引き出さなければならず、解釈者が復元する特定の解釈は、so が契機となって生じる推論の手続きにおいて文脈的前提としてアクセスされる想定次第で変わるわけである（Blakemore, 2011）。
　以上のように、発話の情報としての性質は、概念的か手続き的か、真理条件

22　本研究では Blakemore（2011）の（7）-（10）を（26）-（29）として引用する。

的か非真理条件的か、明示的か非明示的かの組み合わせにより都合八通りあることとなる。このうちの五通りについて Carston（2002）は以下（30）のような一覧を示している[23]。

発話に記号化される情報の性質
（30）She doesn't like cats, but, happily, she has agreed to look after Fleabag.
「彼女は猫が好きではないが、うれしいことに、彼女はフリーバッグの面倒を見ることを承知した。」

a) 'cats' —— 概念的、明示的、真理条件的（表出命題に貢献する）；
b) 'she' —— 手続き的、明示的、真理条件的（表出命題の導出を制約する）；
c) 'happily' —— 概念的、明示的、非真理条件的（内容が高次表意に貢献する）；
d) indicative mood indicator（直接法の標示）—— 手続き的、明示的、非真理条件的（高次表意の導出を制約する）；
e) 'but' —— 手続き的、明示的、非真理条件的（推意の導出を制約する）；

(Carston, 2002, p. 164)

3.1.5 手続き的意味と感動詞

コミュニケーションの解釈者が言語的発話の意味表示を導く証拠となる刺激は、言語的刺激に限られず、様々な刺激があるであろう。言語的発話の言語的側面はデコード過程（再記号化）が必要なことから意味表示を導く証拠となる刺激として相対的に間接的（relatively indirect）である（Wharton, 2009）。これに対し、解釈者が意味表示を導くための証拠となる刺激には言語的デコード過程を必要としない相対的に直接的（relatively direct）なものもある（Wharton, 2009）。

上記知覚上の区別は概念的記号化がなされた語と感動詞や身振りなど、非言語に記号化されている非概念的性質との間における違いとパラレルな関係にある[24]。例えば、「あっ」から得る意味表示は、母語話者間の認識としてなんらかの

---

23 本研究では Carston（2002）の（122）を（30）として引用する。
24 本研究が感動詞と呼ぶ発話はいわゆる一次的感動詞である。Ameka（1992）には一次的感動詞の特徴として、1）感動詞として以外に用いられない、2）単独で一つの発話を形成できる、3）通常、他の品詞と何かを構成するということがない、4）通常、活用するこ

共通性が見られることも確かであるが、極めて曖昧なものとして認識されている。それは「犬」のような概念的記号化がなされた語から解釈者が得る意味表示に比べ直接的であること（刺激の把握に概念的記号化がなされた語のようなデコード過程を要しないこと）を示している。ただ、解釈者が意味表示を導くための証拠となる刺激が上記のように区分可能であることは、両者が解釈者内において独立して意味表示を形成するということに帰結するわけではない。

例えば、教師が前もって予告せず、学生に以下のように述べた際の学生の反応を考えてみる。

(31) 教師：「これから昨日の授業で扱った内容に関する試験をします。」
　　a. 学生A：「テストー（緩やかな上昇調）」
　　b. 学生A：「えー（緩やかな上昇調）、テストー（緩やかな上昇調）」[25]

上記において、学生Aの「テストー」の部分において言語・非言語的にaとbの間で全く違いがない場合、もし教師が学生の発話から同じように「学生が抜き打ちで行うテストを不満がっている」ということを意味表示として導き出したとすれば、同一の内容が伝わっていることになる（いわゆる明瞭さという点では「えー」という感動詞がある分②の方が明瞭である）。このことは、教師

とがなく、他の品詞に転換することがないことから生産的ではない（non-productive）ことがあげられている。下記表3.1は、感動詞の下位分類に関する具体例をまとめたものである。

表 3.1 感動詞の下位分類（*Ameka（1992）を参考に作成。網羅したものではない。）

	日本語	英語
一次的感動詞	うーん（と）、えー（と）、さー、あーあ、ふーん、へー、えー、お（っと）、もう、きゃー、すー（吸気）	Wow, yuk, aha, boo, ouch, dear, oops, ah, oh, ow, er, huh, eh, tut-tut (tsk-tsk), brrr, shh, ahem, psst, bother
二次的感動詞	よっこらしょ（っと）、くそっ、あのー、さて（と）、では（じゃ）、はい、うん、ううん、ほら、挨拶類	Hell, bloody, bastard, damn, shit, fuck, goobye, yes, no, thanks, well, so

犬飼（1993）は文頭の感動詞のプロソディと文末詞「か」のプロソディが呼応する傾向があることを指摘している。文頭の感動詞「え」は上昇調で始める場合が多く、文末詞「か」もこれと呼応して上昇調になりやすい、一方「あ」は平らな調子で短く発する場合が多く、文末詞「か」は短い上昇調になりやすい、と報告されている。ただこのような呼応はあくまで傾向であり、文頭の感動詞を発し終えた直後に、発話内容を瞬時に変更して発話を続けるということは、現実には十分ありえる（杉藤、1997）。信念変更の顕在化と感動詞の挿入に関する議論は定延（2009）も参照のこと。

が学生の発話から形成する意味表示において、間接的な刺激（概念的記号化がなされた語のデコード過程による一定の把握が可能、上記「テストー」）と直接的な刺激（概念的記号化がなされた語のようなデコード過程を必要とせず、刺激の存在状況に依存した把握のみ可能、上記「えー」）とが独立に意味表示を形成していないことを示している。では我々は上記（31）のような場合、いかにして意味表示を形成しているのであろうか。この点に関し、認知語用論的アプローチでは3.1.4で述べたBlakemoreによって提案された手続き的意味の記号化が感動詞による意味表示の形成に対しても適用可能と見なされている（Blakemore, 2011; Wharton, 2009; Wilson & Wharton, 2006）。

Wharton（2009）は手続き的意味の観点を感動詞による意味表示の形成に適用するにあたりGriceのように$meanig_{NN}$か否かを明確に区別する線引きを設定せず、以下に示すように$meanig_{NN}$と$meanig_N$との間を連続的な関係にあるものとして位置づけている[26,27]。図3.3は、そうした関係を図示したものである。

> I begin by arguing that there is a continuum of cases between showing, as construed above, and meaning. At the showing end of the continuum lie clear cases of spontaneous, natural display (such as those mentioned above); at the other extreme lie clear cases of 'saying', where the evidence provided by a speaker takes the form of a linguistic utterance. In between lie a range of cases in which natural, conventional and coded behavior mix to various degrees (e.g. pointing, stylized expressions of emotion, interjections).
>
> まず、私は上述のshowingと$meanig_{NN}$との間に連続的関係があることを主張する。連続的関係の極限に、自発的、自然な表示（上述したような）における明白な場合が存在し、もう一方の極限に、発話者が言語的発話の形態をとることにより証拠が提供される明白な場合が存在する。両者の間には、自然的、慣習的、記号化された振る舞いが様々な程度で

26　Griceが$meaning_{NN}$だけを排他的に規定しようとした理由は、そのことが言われている内容（what is said）と推意内容（what is implicated）との区別に向かう上で不可欠であったことによると思われる。

27　Sperber and Wilson（1995）に同趣旨の言及が見られる。「基本段階の情報に対する強い直接の証拠が提供される『示すこと（showing）』から、証拠は全て間接的である『…と言うこと（saying that）』まで、意図明示の事例はひとつの連続体になっているということである。」（Sperber & Wilson, 1995, p. 53）

混合している場合の広がりが存在する（例：指し示し、儀礼化された感情の表現、感動詞、など）。

（Wharton, 2009, p. 34, 引用者訳）

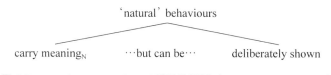

図 3.3 meaning_{NN}-meaning_N の連続的関係（Wharton, 2009, p. 34）

すなわち、言語的発話だけが意図明示的と見なされるわけではなく、伝達者の視線や身振りからも伝達意図の証拠が提供され得る。このことから Wharton (2009) は、Grice が述べるように meanig_{NN} か否かを解釈者が情報意図の証拠として参照するか否かから位置づけるよりも、当該の刺激が証拠として直接的か間接的かという間での相対性を持った程度の問題として扱うべき事柄であることを指摘している（Wharton, 2009）。また、そのように考えることで、Grice の 'deliberately and openly letting someone know' を含め、meaning_{NN} は、意図明示的なコミュニケーション（overt intentional communication）一般の性質として特徴づけることが可能となると述べている（Wharton, 2009）。

具体的には、以下（32）において、eh は解釈者が高次表意に相当する（33）、あるいは（34）を導き出すために用いるとされる[28,29]。

(32) Dentist: So you're having three teeth out, *eh*?
「歯科医：それであなたは三本抜歯しているんですね。」
(33) The dentist is asking whether I'm having three teeth out.
「歯科医は私が三本抜歯しているかどうかを尋ねている。」
(34) The dentist is requesting confirmation that I'm having three teeth out.
「歯科医は私が三本抜歯していることについて確認を求めている。」

（Wharton, 2009, p. 85, 引用者訳）

28　本研究では Wharton (2009) の (80) - (88) を (32) - (40) として引用する。
29　eh は解釈者が高次表意に相当する (33)、あるいは (34) を導き出すために（話し手が）用いるという意ではない。解釈者が高次表意を導く上でのリソースとなるという意である。

同様に（35）は例えば（36）、（37）は（38）、（39）は（40）のような高次表意を導く。

(35) Lily: Dentists are human, *huh!*
「Lily：歯科医が人間的だって、はん（笑わせる）！」
(36) It's ridiculous to think that dentists are human.
「歯科医が人間的だと思うのは馬鹿げている。」
(37) *Aha!* You're here.
「あら！ここに居たんだ。」
(38) The speaker is surprised that I am here.
「話し手は私がここに居たことに驚いている。」
(39) *Wow!* You're here.
「まあ！ここに居たんだ。」
(40) The speaker is delighted that I am here.
「話し手は私がここに居たことを喜んでいる。」

(Wharton, 2009, p. 86, 引用者訳)

すなわち、感動詞は発話者の感情・心理状態に関する意味表示を復元する手続きを活性化する。したがって、復元される意味表示は、活性化される特定の推論にかかわる想定でなければならないという意味においての制約を受けていると述べられている。

It seems plausible to suggest, then, that they（interjections（引用者加筆））encode procedural information which 'points' in the general direction in which relevance should be sought.
In an account along these lines the procedural information encoded in interjections might be seen as activating various attitudinal concepts or classes of concepts, but not in the standard translational way. For instance, wow would not encode a unique conceptual representation that a hearer translates as 'X is delighted'. Instead it might activate (or add an extra layer of activation to) a range of attitudinal descriptions associated with delight, surprise, excitement, etc. In the case of *yuk*, the attitude would be one of disgust or revulsion; in the case of

aha it would be one of surprise, etc. In the case of *eh*, what would be activated is a range of interrogative propositional-attitude descriptions; in the case of *huh*, it would be a range of dissociative attitude, and so on.

　それら（感動詞（引用者加筆））が、求められるべき関連性についての一般的方向性を示す、手続き情報を記号化していると提案することが妥当であるように思われる。

こうした説明において、感動詞に記号化される手続き的情報とは、標準的なトランスレーショナルな方法でなく、様々な態度の概念や概念階層を活性化するものとして見なされよう。例えば、*wow* は、解釈者が「Xは喜んでいる」と翻訳する特定の概念的意味表象を記号化しているのではない。その代わりに、喜びや驚き、などに関するものとして記述される態度の範囲を活性化（あるいは活性化に要するさらなる層を追加）する。*Yuk* の場合、その態度は嫌気か嫌悪のどちらかであり、*aha* の場合、それは驚きの一種となる、などである。*eh* の場合、活性化されるのは、質問という命題態度に関するものとして記述される範囲であり、*huh* の場合は、距離をおいた態度についての範囲である、といったことを指す。

（Wharton, 2009, pp. 89-90, 引用者訳）

　上記手続き的意味（解釈者の意味表示の形成を制約する）の分析では、後続発話の命題とのかかわりのもと、既に何かしらの特定の解釈が成立していることを前提にその解釈がどのようにして成立するのかという検討を中心とする議論が展開されている。手続き的意味に対する指摘は発話のオンライン処理過程において予測的推論処理が行われる過程が存在しており、そうした過程を引き出す契機がコミュニケーションに存在していることを示している。なお、接続詞における手続き的意味の作用（効果）については、以下に述べるように文処理研究の分野で実証されている部分もある。

　文処理研究の分野において、文章を読んでいる最中に起こる推論はオンライン推論（on-line inference）と呼ばれ、文章を読むのをいったん止めてから行う推論（off-line inference）と区別されている。「われわれが小説などを読む際に体験するように、推論の多くは中断なく流暢に行われるため、特にオンライン推論の研究が盛んに行われ」（猪原・堀内・楠見，2008, p. 141）、オンラインで行われるのは、どのタイプの推論かという問題が議論の中心とされてきた。

オンライン推論の主要理論の一つとして引用されることが多いコンストラクショニスト理論（Constructionalist theory: Graesser, Singer & Trabasso, 1994）によると、文章から復元される表象の整合性（coherencee）に貢献する推論がオンラインで行われるとされている。例えば、「太郎はパスタを食べた。」という文は、「太郎は空腹であった。」に後続する際、整合的であると理解されるのに対し、「太郎は満腹であった。」に後続する際、整合的でないと理解される。こうした文と文の整合性にかかわる推論は、オンラインで行われる。また、文章中で描写された行動やイベント、状態が生じた理由を説明するような推論もオンラインで生じるとされている。先の「太郎はパスタを食べた。」という文を例にすると、先行する文がない際に、「（太郎は）空腹だったから」や「（太郎は）空腹を満たすために」といったように理由について答えを与える推論である。一方、先行する文のない「太郎はパスタを食べた。」という文について、「レストランに行った。」など、"どのように"といった範疇に含まれるような推論は、情報を付け加えはするものの、文と文を整合的に繋げたり、理由について答えを与えたりすることがない。このような推論は原則的にオンラインで行われないと言われている。

　コンストラクショニスト理論では、以下に示すように、推論によって得られる情報内容から推論を13種に分類し、そのうち6種類の推論がオンラインで生成されるとする仮説が提示されている。

　　<オンライン推論>
　　①照応関係、②事例構造役割の割り当て、③因果的先行詞（原因）、④登場人物の行為の目的・動機、⑤テキストのテーマ、⑥登場人物の心的反応
　　<オフライン推論>
　　⑦因果的結末（結果）、⑧名詞の具体化、⑨道具、⑩行為達成の付随点（どのように）、⑪背後にある状況、⑫読み手の感情、⑬書き手の意図
　　　　　　　　　　　　　　　　　（Graesser, Singer & Trabasso, 1994 から抜粋）

　なお、上記⑦以降についても文脈による制約が十分強力である場合や、読み手の目標が異なれば、オンラインで生成され得るとされており、⑦の因果的結末（結果）のように、ある行動やイベントの後に何が起こるかについての推論（予測推論）や、ある行動に用いられた道具が何であるかについての推論（道具

の推論）は、文脈による制約を強めたところ、オンラインで引き出されたという報告がいくつかなされている（Calvo & Castillo, 1998; Calvo, Castillo & Estevez, 1999; Fincher-Kiefer, 1995; 猪原・堀内・楠見，2008; 鈴木，2000）。

　上記のように近年、通常オンラインで生成されないとされる推論がオンラインで生成されるのはどういった条件であるかという問題が解明されつつあり、より洗練された理論構築が図られているが、オンラインかオフラインかに関する議論において局所的な整合性にかかわる推論については、オンラインに生成されるとして一定の合意に達しているように見受けられる。ここでいう「局所的とは、文章上の距離が2文以上離れていないことを指し、大局的とは、大きく離れていることを指す」（井関・海保，2002, p. 92）。テクスト中の二つの命題を関連づけることを Graesser, Singer and Trabasso（1994）はテクスト連結推論（text-connecting inference）と呼んでいるが、これはしばしば橋渡し推論とも呼ばれている。局所的な整合性にかかわる推論の研究には先に「太郎はパスタを食べた。」という文について述べたように、「現在読まれている命題をそれ以前に起こった出来事や状態と結びつける」（邑本，1998, p. 48）、いわゆる「逆向き推論」（邑本，1998, p. 48）に関するものばかりでなく、接続詞のように、後続テクストを予測させる「前向き推論」（邑本，1998, p. 48）に関する一連の研究がある。

　これまでに接続詞の存在が接続詞後続文の読解時間を減少させたり（Haberlandt, 1982; Millis & Just, 1994）、文の記憶を高めたり（Caron, Micko & Thuring, 1988; 伊藤・阿部，1988）、理解度を高め、質疑応答の時間を減少させたり（Millis & Just, 1994）することが報告されている。接続詞に後続するテクストの読解時間が早まるのは、後続するテクストを理解するために読み手が行わなければならない推論の数が減るからである（Britton, Glynn, Myer & Penland, 1982; Haberlandt, 1982）。

　例えば、以下（41a）のように接続詞 however がある文では、次にくる情報がそれまでの文を理解して期待されることと対照的な情報（a safe landing）であることが予め読み手に示されるのに対し、（41b）のように接続詞がない場合は、読み手は対照的な情報が来ることを準備していない分だけ情報の処理が遅れることとなる[30]。

30　本研究では Haberlandt（1982）の（2）a, b を（41）a, b として引用する。

(41a) The jet had just taken off.
The left engine caught fire.
The passengers were terrified.
They thought the plane would crash.
Target: However the pilot made a safe landing.
「ジェット機が離陸した。
左側エンジンが火を噴きだした。
乗客は恐怖におののいた。
彼らは飛行機が墜落すると思った。
ターゲット：しかしながらパイロットは無事に着陸させた。」

(41b) ［上記 Target 文まで同様］
Target: The pilot made a safe landing.
「ターゲット：パイロットは無事に着陸させた。」

(Haberlandt, 1982, p. 242, 引用者訳)

　また Millis and Just（1994）の実験では、接続詞 because がある場合とない場合のそれぞれにおいて、テクスト同士が関連づけられたものと、関連性が低いものとを被験者に読ませ、その読解時間を測定したところ、関連づけられたテクストを読む場合、接続詞の存在は読解時間を減少させるのに対し、関連性が低い場合、逆に読解時間を増加させる結果となった。つまり、適切に用いられている接続詞は、読み手の処理を容易にするが、不適切に用いられると、本来低い関連性のテクスト間に対し接続詞が指示する関係を読み手に探索させることとなるために読み手の処理を迷わせることとなる。
　ただ、全ての接続詞が一様に後続文の読解時間を早めるわけではない。Haberlandt（1982）や Murray（1995）によると、添加の接続詞は、接続詞の有無で後続文の読解時間に差が見られなかったとしている。また、接続詞がある場合、逆に読解時間の遅延をもたらすといった報告もなされている（Murray, 1995）。次頁の表 3.2 は、各報告の対応関係を表にまとめたものである。

表 3.2 接続詞による後続文の読解時間への影響

	反意（逆接）		因果（順接）		添加	
	短縮	遅延	短縮	遅延	短縮	遅延
Haberlandt（1982）	✓		✓		差がない	
Millis & Just（1994）	✓		✓			
Murray（1995）	✓			✓	差がない	

　上記のように実験結果からの見解が分かれる点に関し、甲田（2001）は「部分的には実験の刺激材料と手続きの違いに拠っているとも考えられる」（甲田, 2001, p. 97）としつつ、「異なった結果が異なったタイプの接続詞に出続けているということは、オンライン効果の点から考えると、すべての接続詞が文処理と文の結合に同様のやり方で影響しているのではないことを示している」（甲田, 2001, p. 97, 下線は著者による）と述べている。つまり、接続詞は後続文が接続詞によって生成される期待に適合し、オンラインの局所的整合性の処理を促進する（読解時間の減少をもたらす）一方で、Murray（1995）の報告にあるように逆に接続詞がある場合に読解時間の遅延をもたらすのは、「理由の接続詞はテクストにおいて重要な標識であり、読み手に、より注意を促すためと解釈できる」（甲田, 2001, p. 114）と言及されている。

　なお、接続詞により後続するテクストを理解するために読み手が行わなければならない推論の数が減ること（Britton et al., 1982; Haberlandt, 1982）に関して読解を促進するポジティブな面ばかりでなく、読解後の記憶再生において記憶に残り難いといったネガティブな面があることも報告されている（Millis, Graesser & Haberlandt, 1993）。それは、接続詞があることで読み手が読解中に行う推論が制限されることにより、接続詞がない場合に比べ、能動的処理から読み手を遠ざけることになるからである。

　上記の通り、接続詞が後続文の理解を促進させるという見解については一定の合意がなされている。ただし、甲田（2001）も述べているように、理解を促進させる処理においてどのようなタイプの接続詞がどのような面でどのような効果を及ぼしているのかといった点では解明すべき問題が残されており、手続き的意味の作用面について依然として明らかとなっていない。

3.1.6　手続き的意味と解釈者による意味表示の復元における問題点

　手続き的意味の分析が示す通り、解釈者内での処理には後続発話に対して予測的に行われる語用論的推論とそれを引き出す契機とが存在する。このことは様々な聞き返し発話のオンライン処理が解釈者にいかにして実現されているのかを明らかにする上で重要な点であり、聞き返し発話のオンライン処理において予測的に行われる語用論的推論という操作過程の内実がどのような契機から引き出され、どのように行われるものであるかを解明する手がかりとなる。

　ただ、事前的に行われる推論処理とそれを引き出す契機とのかかわり上、非言語的な側面において不明瞭な部分もいくつかある。Wharton (2009) が感動詞に関し Grice のように meanig$_{NN}$ のみを排他的に区別する線引きを設定せず、手続き的意味として分析している点については、本研究も Wharton の立場を支持する。しかしながら、Wharton (2009) では感動詞に手続き的意味が記号化されているという主張に対する妥当性の検証が十分なされていない。そのために Nishikawa (2010) も述べているように、手続き的意味による制約が本当に感動詞の記号化に含まれているのか、それとも他の推論メカニズムが関与しているのかという点での曖昧さが残されている (Nishikawa, 2010, p. 72)[31]。こうした点での曖昧さを解消するには、感動詞と後続する発話との関係における制約のより具体的側面について検討する必要があるであろう。具体的には感動詞がありかつ後続発話がある (感動詞が後続発話との関係を持つ) 場合と、同じ状況で感動詞しか発話されない場合との間で解釈者の意味表示がどのように異なるのかについて検討することを指す。

　また、Wharton (2009) の分析では同一の感動詞が後続発話との関係を持つ場合と持たない場合とがいかなる条件で決定されるのかという点が明瞭に説明されていない。Wharton によると、以下 (42) は (43)、(44) は (45) のような高次表意を導くために感動詞が用いられているわけではないと述べられてい

31　「He (Wharton (引用者加筆)) should explicate how many inferential costraints are included by the procedure naturally encoded by eh. Otherwise, it is not clear that whether guiding the hearer to construct the higher-level explicatures is included in the procedure encoded in eh ot whether any other inferential mechanism is involved here. 彼 (Wharton (引用者加筆)) は、eh に記号化される手続きに推論上の制約がいくつ含まれるのかを明示すべきである。でなければ、解釈者を高次表意の制約に導くことが eh に記号化される手続きに含まれているのか、そこに何か他の推論メカニズムが関与しているのかという点で不明瞭である。」(Nishikawa, 2010, p. 72, 引用者訳)

る[32]。(42) や (44) では、感動詞によって表される態度が後続命題に対するというより、物理的対象（歯磨き粉やアイスクリーム）に向けられているとされている。

(42) *Yuk!* This mouthwash is foul.
「ぐぇ！このうがい薬はひどい味だ。」

(43) The speaker is disgusted that the mouthwash is foul.
「話し手はうがい薬のひどい味に閉口している。」

(44) *Wow!* This ice cream is delicious.
「まあ！このアイスクリームはおいしい。」

(45) The speaker is delight that the ice cream is delicious.
「話し手はアイスクリームがおいしいことを喜んでいる。」

(Wharton, 2009, p. 86, 引用者訳)

そして以下 (46) のように、態度が向けられる後続の命題が存在しない場合もある[33]。

(46) Child:（taking foul-tasting medicine）*Yuk!*
「子供：（ひどい味の薬を飲みながら）おぇ！」

(Wharton, 2009, p. 87, 引用者訳)

上記のように同一の感動詞が後続発話との関係を持つ場合と持たない場合とがいかなる条件で決定されるのであろうか。Wharton (2009) によると、感動詞が後続発話の命題に対する態度を表さない場合について、定性的・生理的反応（qualitative and physiological responses）と相互作用する認知的要素がないためであるとされている。

> However, in some instances what an interjection expresses might be directed toward a percept or object which is the cause of a qualitative or physiological

---

32 本研究では Wharton (2009) の (89) を (42)、(90) を (44) として引用する。
33 本研究では Wharton (2009) の (93) を (46) として引用する。

response, and not to a proposition (e.g. (42), (44)) [34]. In these cases, <u>whether or not what is communicated is an emotional attitude depends on whether there is a cognitive element interacting with the qualitative and physiological ones.</u>（下線は引用者による）The cognitive element is not always present: indeed, it could be argued that interjections are primarily directed at the percepts and objects that are the causes of particular responses, and only by extension at propositions.

　しかしながら、いくつかの例において、感動詞が表しているものは、知覚表象かあるいは、定性的もしくは生理的反応の原因である対象に対して向けられており（例（42）、（44））、命題に対してではないのかもしれない。これらの場合、<u>伝達されているものが感情的態度であるかどうかということは、定性的・生理的反応と相互作用する認知的要素が存在するかどうかに依存する</u>（下線は引用者による）。認知的要素は必ずしも出現しない。確かに、感動詞は一次的には知覚表象や特定の反応の原因となる対象に向けられており、命題に対し向けられるのはその拡張にすぎないと言えるのかもしれない。

（Wharton, 2009, pp. 88-89, 引用者訳）

　ただ、ここでは（42）や（44）の場合に、解釈者において、なぜ定性的・生理的反応と相互作用する認知的要素がないことになるのか（つまりなぜ感動詞が後続発話の命題に対する態度を表さないこととなるのか）が説明されなければならないのであって、定性的・生理的反応と相互作用する認知的要素がないからということでは答えになっていないであろう。

　また、前述した通り、認知語用論的アプローチでいう手続き的意味の作用（効果）については、接続詞を中心として文処理研究においてある程度実証されている。しかしながら、文処理研究のように言語的インプットのみに基づく結果によって会話における言語的インプット以外に基づくオンライン処理を直接説明することは当然のことながらできない。文処理研究では、会話に存在するジェスチャーや視線の配置、プロソディーなど、複数の要因間で生じる認知上の相互作用的側面が排除されているからである。

　ただ上記の一方で、文処理研究から接続詞の全てが必ずしも読解時間を減少

34　本研究では Wharton（2009）の（89）を（42）、（90）を（44）として引用する。

させるわけではないという実験結果が報告されており、それらの結果を受け、甲田（1999）も「すべての接続詞が文処理と文の結合に同様のやり方で影響しているのではない」（甲田，1999, p. 57）ことに言及しているが、この点は、手続き的意味による作用（効果）にタイプごとで程度差が存在することを示す極めて重要な点であると考える。なぜなら、手続き的意味が持つ作用面での多様性に対する検討は、これまでの認知語用論的アプローチにおいてはほとんどなされていないからである。このように特定の分野内で扱われてこなかった新たな問題点が浮かび上がる点は、近年、異なる分野にまたがる学際的研究が重要視されつつある主な理由の一つであろうが、ここでは、手続き的意味の作用として、感動詞のタイプを問わず同様であるかという点について検討してみる価値があることを指摘しておく。

3.2 発話者の心内処理
3.2.1 話し言葉に特有の情報

会話において発話はしばしば、局所的に生じる笑いや音声上の変化を伴ってなされる。前川（2005）は、「話しことばによって伝達される情報の中には、通常、言語学が研究対象とする情報のほかにも多くの情報が含まれている」（前川, 2005, p. 26）とし、「話し手（発話者（引用者加筆））が聴き手（解釈者（引用者加筆））への伝達を目的に意図的に表出する情報のうち、イントネーション、リズム、声質などの韻律的特徴によって伝達されることが多いために、文字に転写されることがないかまれである情報」（前川, 2005, p. 26）を指して「パラ言語情報」と呼んでいる[35]。例えば、ナニヤッテンノという発話の音声信号から、それを発した発話者の意図が「質問」にあるのか「叱責」にあるのか「揶揄」にあるのかを知る上では、文脈情報の他、パラ言語情報によって個々の意図の識別は可能となると述べている（前川・北川, 2002）。

上記のようなパラ言語情報の言語運用に見られる働きを積極的に取り上げようとする研究に、品詞論上、しばしば感動詞と呼ばれる発話を対象として、それらを発話する発話者内の認知処理に注目している一連の研究がある（森山，

---

35 前川・北川（2002）ではパラ言語情報の知覚に関与する音響特徴量の候補として、1. 発話の持続時間、2. ピッチ（A. ピッチレンジ（発話中のFの最高値と最低値の差）、B. 句頭の上昇、C. アクセントによる下降のタイミングの遅れ、D. 上昇イントネーションのタイプ）、3. 振幅、4. 母音の音質（調音上、前寄りと後ろ寄りのどちらに変化するか、および開口度の増減）を音響分析により抽出している。

1989, 1996, 1997; 定延, 2005, 2009, 2010, 2012; 定延・田窪, 1995; 田窪, 1992, 2005; 田窪・金水, 1997; 冨樫, 2002a, 2002b, 2005a, 2005b, 2005c, 2006)。田窪(2005)は、「へえ」「えっ」「ええ」「あっ」「ああ」といった発話について、「自分の心的情報処理状態を相手に知らせることで意味を生じる」(田窪, 2005, p. 16)とし、そのような生成プロセスをも持った意味の特徴として、車のクラクションを例に「それ自体では意味がないものでも特定の文脈で発するだけで意味を生じる」(田窪, 2005, p. 15)ことについて以下のように述べている。

> クラクションは、教習所でならう交通規則では、見通しの悪い坂道や曲がり角で「くるまが通るので気をつけて」という意味でつかうことになっているが、実際にはほかにも「こっちが先に通るのですこし待て」、「待ってくれてありがとう」、はては「馬鹿やろう。気をつけろ」などさまざまな意味で使われているようである。クラクション自体に意味があるわけではない。文脈が発生すべき意味を特定化し、クラクションが最後に付け加わることではじめて受け手に意味や意図が伝わる。
>
> (田窪, 2005, pp. 15-16)

また、咳、あくび、ため息といった非言語的音声によって何らかの意味が受け取られる場合も、そこで受け取られる意味とは、上記クラクションと同様、それらが発せられた場面で臨時的に作られる情報であるとされ(田窪, 2005, p. 16)、これら同様の意味生成プロセスを持つものを、発話者の「心的情報処理操作が音声的身振りとして外部に反映されたもの」(田窪, 2005, p. 18)として捉えられると述べている[36]。すなわち、解釈者は上記のような音声的身振りに基づいて発話者の心理状態を知ることができ、よって時には発話者がこれを利用し、咳払いのように意図的に発することで、自分の生理的・心理的状態を相手に知らせることができるとされている[37](田窪, 2005)。

36　前川(2005)では「非言語情報は、話者が意図的に制御することができない情報」(前川, 2005, p. 26.)であるとし、意図的な制御の可否によりパラ言語情報と区別されている。ただ前川も「感情が「非言語」「パラ言語」のいずれに属するかについては議論が分かれることがある」(前川, 2005, p. 26)ことを補足している。

37　しかし、このことは、ある発話が発話者の生理的・心理的状態を相手に知らせるために発話されていることを必ずしも意味しない。定延(2005)は、「話し手(発話者(引用者加筆))が感動詞を発して自分の気持ちを表している」と言い切れない点として「さー」

ここで心的情報処理操作との関連から個々の感動詞がいかに記述されるかについて、一つ一つ触れることはできないが、それらの記述の前提となっているのは、「談話処理のシステムとして局所的な心的領域」(田窪, 1992, pp. 1110) が仮定されており、「この心的領域は階層的なデータベースと考えることができ、対話における個々の発話は、このデータベースへの登録、検索、演算（推論）等の指令である」(田窪, 1992, pp. 1110-1109) と見なされている。

　例えば、以下（47）に示すように、「「えっ、はっ」は、共有状態の想定の失敗により、相手の発話を正しく登録できなかったという状態を示す。」(田窪, 1992, p. 1107) [38]

（47）え、田中って、田中次郎のことですか。（値の確認）

(田窪, 1992, p. 1107)

　また、「「へーえ、ふうん」に関しては、共有状態の認知に関して、合意し、相手の情報が新規に登録されたことが前提になる」(田窪, 1992, p. 1117) と記述されている。

（48）へーえ、たなかって、田中次郎のことだったんですか。

(田窪, 1992, p. 1107)

　上記で「登録できない」あるいは「登録された」とは、次頁の図3.4に示すモデル図においてデータベースに格納されるかどうかを指している[39]。

をあげ、「外部の観察者がたまたま見いだす法則がたとえ正しいとしても、それを当事者たちにとっての意味と同一視すれば、ボタンのかけ違いを生んでしまう。」(定延, 2005, p. 34) ことを指摘している。「さー」の後には通常、否定的な返答「ちょっとわかりません」などしか続かないが、かといって「さー」と言う発話者が「オレはいま、やっても見込みのない検討をやっているんだ」と相手に表しているわけではない。本研究でもしばしば発話の意味や機能を対象とした記述を行うが、それにあたっては、発話の意味や機能を説明することと、用法の意として「当事者たちにとっての意味」(定延, 2005, p. 34) を説明することとは別の問題と考える。

38　本研究では田窪（1992）の（5）を（47）、（8）を（48）として引用する。

39　なお、田窪（2005）では、心的情報処理操作と実現する音声的バリエーションとの関連について、「「はっ」「えっ」など促音をつけると受理には成功したがデータベースにリンクし処理できなかったことを表す」(田窪, 2005, p. 19)、「これが「ええっ」となると、さらに自分のデータベースへの繰り入れが困難であること（下線は引用者）、たとえば聞

3．予測的推論処理に関する言語理論的考察

図3.4　言語運用の基本的なモデル（田窪，1997, p. 259）

　田窪（1997）によれば、言語にかかわる心的操作に関し、「文理解の場合、解析された言語表現はバッファーを通る際、文構造がなくなり、知識表現に落ちてデータベースに格納されると考えられる」（田窪，1997, p. 260）とし、この解析された言語表現がバッファーを通る際に「指示の同定、述語づけなどの、対話の内容の構成そのものに関わる操作だけでなく、情報の入出力制御、操作の制御、命題内容の構成に関わる制御に関わる心的操作が行われると考えられる」（田窪，1997, p. 260）と述べている。

　上記の感動詞に対する記述は、伝統的に日本語学でなされてきた「それだけで具体的な完結した表現と認めることが出来るから、一の文と見なすことが出来るのである」（時枝，1950, p. 179）といった、主として統語的位置づけを問題としてきたものとは一線を画すものである。特筆すべき点は、感動詞を発話者による対話処理の心的な過程が顔の表情や身振り・手振りに表れるのと似たもの（＝対話処理操作の心的モニター）と捉えることで、その言語運用上の位置づけを明確にし、「実時間的なコミュニケーション行動」（田窪，1997, p. 258）の実現に対する貢献面を新たに記述した点にある[40]。そして、田窪（1992）が感動詞に関し言語運用上の働きという点で指摘しているもう一つの重要な点は、「日本人であれば、これらの感動詞とその音調を聞くだけで、自分の言ったことがどのように処理されたか、あるいは処理されなかったか、さらに発話内行為まで含めて、どの様な応答が続くかまで、かなりの精度で予測することができる」（田窪，1992, p. 1105）と述べている点である。こうした感動詞の音調に基づく

いたことが信じがたいことを表す」（田窪，2005, p. 19）ことが述べられている。

40　また、擬音語・擬態語など、オノマトペと呼ばれる表現が「ふわり、ふわふわ、ふんわり」、「ぱたり、ぱたぱた、ぱったり、ばたり、ばたばた、ばったり」といったように、基本形態に「り」、「ん」、「っ」、「有声化」が付加され系列的体系を成すことと同様に、感動詞も、「え、えっ、ええ、えええ、へ、へっ、へえ、へええ」といった、ある種の子音母音の組み合わせからなるメタ形態に、音調、特殊拍などが付加され具体的な単位となり、特定の心的処理状態に対応している、といった音声的特徴と機能との関連について提示している点もこれまでになかった新たな視点である。

後続発話の予測については、森山（1997）も、中学生65人に対するアンケート調査の結果、「（鍵をかけようとしてうまくかからない）あれ？」の後続として、どうしたのか、何がおきたのか、など、疑問形式か異常事態の把握を表す形式が続くことが81％予測されたといった報告がなされている。

　また、感動詞と一括りにされているものの中には、談話上の機能面からフィラーと呼ばれる発話も含まれているが、これらの発話は、心理学分野において従来、有声休止（filled pauses）と呼ばれ、無声休止（unfilled pauses）や発話の繰り返し（repetition）、言い換え（paraphrase）などとともに言いよどみの一つとして取り上げられてきた（Maclay & Osgood, 1959）。田中（1982）は有声休止（フィラー）の機能に関し、「休止一般としての特性から発話の進行を時間的に遅らせ、発話における困難な情報処理に寄与する」という認知機能と「他者に向けられたなんらかの信号」としての対人的機能の二つがあるとし、山根（2008）も「フィラーは、談話構造に照らして分析すると、話し手（発話者（引用者加筆））の情報処理や心理的状態を表すのみでなく、談話管理、とりわけ話者交代における発話権の指標性と密接に結びついていることがわかる」（山根，2008, p. 134）と述べ、「話し手（発話者（引用者加筆））の情報処理能力を表出する機能」を含め、「テクスト構成に関わる機能」、「対人関係に関わる機能」の三つに集約できるとしている（山根，2002）。

　さらに、Watanabe（2009）は、上記のように話者交替との関連からしばしば指摘されるフィラーの談話上の機能をもとに、フィラーによる解釈者の後続発話内容の予測に対する影響について、心理言語学的手法を用いて検討している。『日本語話し言葉コーパス（CSJ）』に観察される「えーと」、「えー」、「あのー」、「まー」の出現率は、南（1974）で提唱されている「A類・B類・C類」という従属句の階層分類に基づき設定できる節境界の深さに応じて異なっており、B類＜C類の順となることを指摘している[41]。また、後続節中の語数が多いほど、フィラーの出現率が高くなることも述べている。このことは、フィラーの後続発話がフィラーがない場合に比べ長く複雑になる傾向にあることを示している。そこで、解釈者がフィラーを後続発話内容の予測に用いているかどうかを調べるため、視聴覚刺激による実験を行った結果、刺激となる図形を描写した後続発話に対し、複雑な句の前にフィラーがある場合は、ない場合に比べ、図形を

41　「As the number of *Type A* clause was small (4 per presentation on average), *Type A* clause were excluded from the analysis」（Watanabe, 2009, p. 70）とされている。

同定する回答時間（response time）が短くなる一方、フィラーが単純な句の前にある場合、そうした時間の短縮が起きないことを明らかにしている。また、フィラーがある場合と、フィラーと同じ長さのポーズがある場合との間では、後続発話の性質によらず、回答時間に有意差が見られなかったとされており、以上のことから Watanabe（2009）は、後続発話内容の同定に要する時間に対しフィラーが持つ効果をフィラーが持つ音声によるものでなく、主としてフィラーが発される間に流れる時間によるものであることが示唆されるとしている。

3.2.2　発話者の心内処理における問題点

　非言語的発話に対する近年の研究の進展とともに、Watanabe（2009）に見られるように、解釈者内での後続発話に対する処理が予測的に行われていることが実証されつつある。しかし、会話でのオンライン処理における動的様相を客観的に示しているデータは未だ少なく、予測的に行われる処理がいかにして実現されているかというメカニズムの側面に踏み込んだ考察には至っていないように思われる。こうした点について以下具体的に述べると、前川・北川（2002）では、パラ言語情報に関し取り組む必要がある課題の一つとして、相互にどのような意味関係におかれているか（パラ言語情報の意味論的構造）について明らかにすることがあげられているが、前川・北川（2002）で志向されている意味論的構造とは、発話者と解釈者による同一コードの共有を前提とする言語的意味論の枠組みに沿った形で各パラ言語情報を相互に位置づける体系を指しており、具体的なコンテクスト情報に基づいた解釈者の語用論的推論による意味生成プロセスに対する視点は希薄である。

　また、感動詞の意味分析においても、発話者の心的な情報処理・操作過程の違いを反映する形で記述の精密化が図られつつあるが、それら発話者の生理的・心理的状態について解釈者が知るということと、解釈者が個々の文脈上で具体的な意味表示を復元することとの間には、まだかなりの開きがあり、感動詞に備わる情報が解釈者にどのように利用されているかということが明らかとされていない。予測という点ではなおのこと、感動詞に他の発話が後続する際に発話者の生理的・心理的状態について解釈者が知るということが、後続発話の意味表示を復元するにあたり、いかに働くのかに関する説明はなされていない（この点の詳細については、6.2 で「個々の文脈で復元された意味表示の一部が感動詞に本来的な意味として記号化されていると捉えるべきではない」（p. 122-123）

ことに言及した箇所、および注 80 で改めて述べる)。

　これらの問題点に共通する要因としてあげられるのは、これまで発話者の(心内処理の)視点を中心とする検討がなされてきた内容について、それがインタラクションにおいて解釈者にどう受け止められるのかという視点からの検討が十分なされていないことである。したがって、発話者の生理的・心理的状態について解釈者が知るということと、(感動詞単独でなく他の発話が後続する際のことも含め)解釈者が個々の文脈上で具体的な意味表示を復元することとの間にある開きを埋めるためには、感動詞に備わる情報が解釈者にどのように利用されているかという視点から捉え直す必要がある。それは、換言すれば、「対話の内容の構成そのものに関わる操作だけでなく、情報の入出力制御、操作の制御、命題内容の構成に関わる制御に関わる心的操作が行われる」(田窪, 1997, p. 260) といった発話者の(心内処理の)視点を中心に検討されてきた内容を考慮しつつ、それらが解釈者にどのように受け止められるのかという視点から捉え直さなければならないことを意味する。田窪 (2005) が感動詞における意味生成プロセスの特徴として指摘しているように「それ自体では意味がないものでも特定の文脈で発するだけで意味を生じる」(田窪, 2005, p.15) ことを考慮するのであれば、コミュニケーションの本質としては、発話者がどのような情報を発していようと、それを解釈者がどう受け止めたかという点が重要となるからである。

3.3　インタラクションと予測とのかかわり
3.3.1　インタラクションの社会言語学

　談話の研究は、その研究目的の違いから大きく二つに分けられる。一つ目は、談話分析と呼ばれる研究であり、談話を文より一つ上の単位とし、その言語構造(談話における文法)を明らかにしようとする研究である。二つ目は、インタラクションそのものを解明しようとする研究である。後者のタイプには、2.2.2 で言及した John J. Gumperz の創始によるインタラクションの社会言語学(以下、IS)の他、相互行為分析(会話分析)と呼ばれる研究がある。IS と相互行為分析とは会話のインタラクションの過程、結果について説明することを目的としている点で共通するが、次の点で異なっている。IS は、人類学、社会学、言語学をもとに発展してきた学際的分野であり、社会、言語はもとより、文化を重要視している。よって、コンテクストを考慮に入れて分析しようとする点では

相互行為分析と共通するが、文化によって異なるストラテジーを明らかにすることを目的としている点で相互行為分析とは異なっており、異文化コミュニケーションを扱うことが多い。この点で IS はコミュニケーションの民族誌と呼ばれる研究分野と共通しており、個々の文化の中で繰り返し行われるコミュニケーション活動を総合的に分析することを目指している。ただし、コミュニケーションの民族誌は、データ収集をもっぱら観察法で行い、IS のように録音資料によって、繰り返し観察するということはない。また、コミュニケーションの民族誌では、特定の様式による儀礼的活動が主な研究対象とされるのに対し、IS では日常会話が主な研究対象とされるという違いもある。一方、相互行為分析は社会学者 Harvey Sacks により始められ、Emanuel Schegloff や Gail Jefferson をはじめ、多くの研究者に支持されるようになった。また Sacks がエスノメソドロジー（ethnomethodology）の創始者である Harold Garfinkel から影響を受けていることから、「一般には会話分析は、エスノメソドロジーに含まれると理解されて」（鈴木, 2007, p. 12）いる。相互行為分析は、一見無秩序に見える日常会話の中にルールを探り出そうとするもので、IS 同様、コンテクストの特徴を考慮に入れて分析するが、目指しているのは、コンテクストを超えた一般化であり、会話という社会現象の解明である。

　2.2.2 で述べたように IS を理論的枠組みとする研究では、インタラクション中にどのような活動が起こっているのか、発話者の言葉をどのように理解したらよいのか、ある発話が前後の文脈とどのような関係にあるのかについて、発話者が表示し、解釈者が解釈の手がかりとする様々な合図（contextualization cues）の存在についてこれまで指摘されてきた。Tannen（1984）は、IS の枠組みによりアメリカの出身地域が異なる者同士（California と New York）による会話を分析し、各地域出身者の会話スタイル（conversational style）を決定する言語行動の特徴として、発話の重なりや相手発話の繰り返しがあることを指摘している。これらの言語行動が発話者による相手の話への関心、続きを知りたがっていること、などを示す合図として参加者に共有され、使用されている会話スタイルは「high-involvement style」と呼ばれ、他人とかかわっていたい、親しくなりたいという欲求を重視するスタイルであるとされている。これに対し、他人に邪魔されたくないという欲求を重視するスタイルを「high-considerate style」と呼び、そうした会話スタイルを持つ者からすると、発話の重なりが示す合図の意図が解釈されないためターンを奪う割り込みとして捉えられることがあるという。

この他、それぞれの会話スタイルの特徴を示す言語行動（合図）として、個人的な話題の提示、話者交替の頻度、話者交替時のポーズを避ける、音声の高さの急激な変化、声音を変えて際立たせる、などがあげられている。

ISの枠組みにより日本語の会話を分析している研究としては、大津（2006）が会話の中での「遊び」として行われる対立行動を取り上げており、会話参加者がどのようにして遊びとしての対立を開始するのか、相手に悪口を言ったり反論したりする際、「これは遊びだ」というメタメッセージがどんな合図によって発せられているのかについて論じている[42,43]。大津（2006）は、親しい友人同士が雑談しているところを観察してみると、些細なことでよく言い合いをしているのに気づくとし、お互いをからかったり、笑い合ったり、わざと反論し合ったりしていると述べている。ただ、一時的な対立関係を作ってはいるものの深刻な感じは全くなく、会話参加者たちは言い合いを楽しんでいるように聞こえるとしている。そうした「遊び」としての対立の合図となるものには、発話の繰り返し、韻律の操作、感動詞の使用、スタイル・シフト、笑いがあるとされている。大津（2004）は、「内容的には敵意を表すような発話をしながらも、それが遊びであることを示すために様々な合図が発せられる」（大津, 2006, p. 82）とし、「合図によってそれまでの活動との差異が際立たされ、その異なりから相手が推論し、その対立が遊びであると解釈する」（大津, 2006, p. 82）としている。大津（2006）では、下記図3.5で、共同作業を通した親しさ表示のプロセスが次のように説明されている。

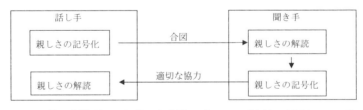

図3.5　共同作業を通した親しさ表示のプロセス（大津, 2006, p. 119）

42　「会話参加者が互いに相反する意見、目的などを持ち、相手の発話、行動、相手自体に対して反対する状況を「対立」と定義する」（大津, 2006, p. 77）としている。

43　「発話者の相手に対する気持ちのもちかたや目下行われている相互作用に対する態度についてのメッセージである。発話が伝える情報には、個々のことばが伝える指示的意味だけでなく、このメタメッセージも含まれている。そのためメタメッセージを考慮しなければいかなるメッセージも解釈されないとBatesonは指摘している。」（大津, 2004, p. 45）

まず「話し手（発話者（引用者加筆））は、聞き手（解釈者（引用者加筆））が微細な合図も理解できるほど親しい相手であることを前提にして、微細な合図を送ることによって親しさを示す。一方聞き手（解釈者（引用者加筆））は、そのような微細な合図を理解できたことを相手に示す。」（大津，2006, p. 119）そして、「期待されている適切な行動をとることによって、相手からの合図を了解し、そこに込められた親しさを解読することができたことを示す。それと同時に、相手を支援することによって、相手からの親しさ表示に返報する。」（大津，2006, p. 119）それゆえ、このようなプロセスにより微細な合図の交換が可能であるということは、会話参加者の親しさを示しており、互いに親しさを確かめ合うことができると述べられている。

3.3.2 相互行為分析

相互行為分析の主たる関心は、他者との間で達成する共同的行為のメカニズムを解明することにある。共同的行為を実現するリソースとなる、人間の行為における特質を相互行為分析では投射と呼ぶ。投射とは、Hayashi（2004）によれば、ある行為（ある一連の行為）が次の瞬間にどのように発展するかを予告し、そのことで参加者同士の交渉が生じ、相互行為上、次に起こる過程での共同的行為が達成される、人間の行動における特質であるとされている。相互行為分析では、あくまで社会的相互作用として会話の場に表出された出来事を根拠とし、参与者の内面に対する会話を離れての説明を回避する。そのため投射の主体は、会話の場に表出された出来事としての発話や、それに伴う視線、ジェスチャー、笑いなどの身体動作であり、発話者や解釈者の内面ではない。

例えば、「今日あった一番面白いことは」といった発話が契機となって生じる 'story preface'（Sacks, Schegloff & Jefferson, 1974）と呼ばれる一連の活動は、発話者自身の次の行為が話の本題に入ることを投射するとともに、語られる過程上の特定の位置で、解釈者が行うであろうかかわりのある次の行為をも投射する。すなわち、「今日あった一番面白いことは」と発話することで、その発話が完了時に解釈者がとるべきかかわりのある次の動きとして、「何があったの？」や「知ってるよ。〇〇が言ってた。」のように、話題を続けさせるのか阻むのかに対して答えることを投射し、話の本題に入れば、解釈者の適切な次の行為として、話のオチで笑うことを投射する、という形で記述される。こうした会話でのいわゆる先触れ活動には、上記の他、'pre-request'、'pre-invitation'、'pre-announcement'、'pre-closing'、'pre-pre'などがあるとされ（Hayashi, 2004）、それぞれ発話者と解釈者の双方にかかわる特定の次の行為をターンをまたいで投射する。Schegloff（1987）は、英語においてあるターン冒頭が相手の発話と重複した際に冒頭部分で自発話の繰り返しが生じる現象を'recycle turn beginning'と呼び、ターン冒頭が再生されるのはこの部分が当該ターンの行為タイプを投射する重要な部分だからであると述べている。

　行為タイプの先触れについては日本語においても勿論見られる。才田・小松・小出（1983）や杉戸（1983）では、言語行動あるいはその要素に言及するメタ言語・注釈表現の下位分類されるものとして、「～んですけど（が）」といったいわゆる前置き表現を考察している。これらの研究は、相互行為分析の背景や手法を共有しているわけではないが、いずれもメタ言語・注釈表現を使用する理由として解釈者との円滑なコミュニケーションを行うための配慮（心配り）に基づくものであるとし、その志向しているところは相互行為分析における投射の基底にある、次に起こる過程での共同的行為の達成と実質的にほぼ同じものと言える。ただ、日本語における行為タイプの先触れについては、先触れ対象の発話の前になされるものの、特にターン冒頭で生じるといった生起位置の限定は英語ほどないように思われる。串田（2005）によると、ターン冒頭での自発話の再生は日本語においても生じるが、「ターン後半に配置される統語要素によって、ターンの種類（行為タイプ（引用者加筆））が示される余地が英語より大きい」（串田，2005, p. 56）ことが述べられている。

　ターンをまたいで現れる投射がある一方で、'turn projection'（Sacks et al., 1974）と呼ばれる、一つのターンの内部に現れる投射がある。会話で行われる話者交替は、ターン構成単位（TCU）と呼ばれるターンを構成し得る最小単位の完結可能点（possible completion point）周辺で行われると言われている（Sacks et al., 1974）。つまり、一つのTCUの完結可能点で話者交替が生じれば、そこが完結点となり、そこで話者交替が生じなければ、新たなTCUの完結可能点が完結点候補となる。このようなTCUを想定する根拠の一つには、会話においてTCUの終端に差し掛かった発話者が、しばしば話すペースを上げて完結可能点を通り過ぎ、相手が話し出す機会を与えない'rush-through'（Schegloff, 1982）が観察されることがあげられている。

　Sacks et al.（1974）によると、上記TCUが重要なのは、その冒頭が完結可能点を投射し、円滑な話者交替が可能となっている点にあるという。英語のよう

3．予測的推論処理に関する言語理論的考察　59

に文頭付近に発話の統語構造や叙法を投射する要素が出現する言語においては、TCU の冒頭から完結可能点の投射が開始され、TCU の終わりまで徐々に投射が完成されていく。例えば if や when で始まるターンでは、TCU の冒頭から主節が後続することを投射し、'He says' のような引用フォーマット（Schegloff, 1987, p. 71）で始まるターンは、それに後続するターンのタイプが引用となるであろうことを TCU の冒頭から投射する。そして、完結可能点の前では pitch peak が出現し、それが前完結可能点（pre-completion point）となって完結可能点の投射が完成する（Schegloff, 1996）。これを榎本（2007）は下記図 3.6 のように図示している。

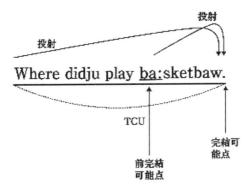

図 3.6　Schegloff（1996）による完結可能点の説明（榎本，2007, p. 205）[44]

この前完結可能点から完結可能点までの間（transition-relevance place: TRP）で行われる話者交替は、相手側の割り込みやそのような意図のない無秩序な音声的重複ではなく、適格なものとして見なされると考えられている。なお、完結可能点の投射は、統語的要因による他、ジェスチャーや視線配置などの身体動作、プロソディーなど、複数の要因によることがこれまでに指摘されている（Clark, 1996; Ford, Fox & Thompson, 1996; Goodwin, 1980, 1987; Kendon, 1967; 喜多，2002; McNeill, 1992）。

　なお、日本語のような言語では、格関係が助詞で表示されることをはじめ、文内の自立語がどういう役割を果たすのか、主節と従属節のどちらであるか、

---

[44] 榎本（2007）による図において pich peak は「ba:」に付与された下線が示しており、山なりの矢印ではないことに注意されたい。

といった統語的決定が付属語に依存する。そのために TCU の冒頭での完結可能点を投射するリソースが英語のような言語に比べ乏しいと言われている（Tanaka, 1999）。また、一般的に SOV とされる日本語の語順においては述語が文の終わりに来ることになっているが、語順は語用論的にフレキシブルであり、また、たとえ SOV の順に展開したとしても、述語に「～けど（が）」、「～と（って）」などの接続助詞や引用標識、あるいは否定辞を置くことでさらに展開していくことも（あるいは、省略され展開していかないことも）可能な変形可能性を有している。

このように TCU の冒頭での完結可能点を投射する統語的リソースに乏しい日本語において、円滑な話者交替はどのようにして実現しているのであろうか。日本語についてしばしば、モダリティ表現が命題を中心とした入れ子型を成していると言われることがあるが（仁田，1991; 益岡，1991）、Tanaka（1999）や榎本（2007）では、発話末に出現し、命題に付加される統語的要素が前完結可能点の役割を果たし、それら発話末要素の末尾が完結可能点となると述べている。榎本（2007）では、発話末要素の例として以下のものがあげられている。

　　＜日本地図課題コーパス中に出現した発話末要素＞（榎本, 2007, p. 207）（出現頻度は省略）
　　補助動詞：ください、くる、みる、いる、もらう
　　形式名詞：こと、よう、わけ、もの
　　連語：てる、ちゃう
　　助動詞：です、ます、だ、た、う、ない、ん
　　終助詞：ね、か、よ、な、の、や、わ、っけ

そして、次頁図 3.7 は日本語における TCU の構成と解釈者の前完結可能点の認知について説明したものである。

3．予測的推論処理に関する言語理論的考察　61

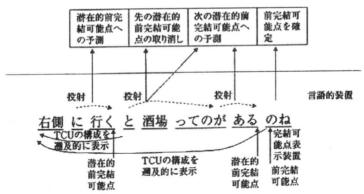

図 3.7　日本語における完結可能点の認知メカニズム（榎本，2007, p. 209）

　図において、「右側に」が出現した段階で、次に移動を表す動詞が後続することを投射する。と同時に、この段階で移動を表す動詞の末尾が前完結可能点となる可能性を投射する。移動を表す動詞「行く」が出現し、接続助詞「と」が後続すると、先の前完結可能点となる可能性に対し、ここまでの発話が実は文の従属節を構成するものであったことが遡及的に明らかとなる。と同時に、接続助詞「と」は後方に主節が現れることを投射する。続いて、場所を表す名詞「酒場」とともに主格を表示する「が」が出現すると、主節の述語に存在を表す動詞が後続することを投射する。そして、この段階で存在を表す動詞の末尾が前完結可能点となる可能性をも投射する。発話末要素「のね」が出現すると、先ほどの、存在を表す動詞の末尾が前完結可能点となる可能性に対し、既に投射されていた、接続助詞「と」が後方に主節が現れることとともに、この TCU が「従属節＋主節」の形をとることが遡及的に明らかとなり、動詞「ある」の末尾を前完結可能点へと変異させる[45]。
　これまで英語にせよ日本語にせよ、「我々は、相手の発話中にその発話の終端を予測し、その予測に基づいて話し始めていると言われてきた。」（榎本，2007,

---

45　Tanaka（1999）は、発話末要素の開始部分を前完結可能点とし、発話末要素の末尾を完結可能点としているのに対し、榎本（2007）は、前完結可能点は、発話末要素の出現をもって、前完結可能点であることが確定するとし、それ以前の段階では、前完結可能点となる可能性のある箇所（潜在的前完結可能点：potential pre-possible completion point, 榎本，2007, p. 209）として捉えられている。

p. 203）これに対し榎本（2007）は、「聞き手（解釈者（引用者加筆））は発話の音声的終了点を予測して話し出すのではなく、発話末要素を認識するとともに話し出す」（榎本，2007, p. 219）ことを心理言語学的手法によって明らかにしている。つまり、Tanaka（1999）で述べられているように、発話末要素の開始部分が前完結可能点となり、TCU の音声的終了時を予測するのではなく、解釈者はターンを構成する言語的装置の認知に基づき、発話末要素が出現しさえすれば、聞くことを止めて自己のターンを話し出すことが可能であり、発話末要素の開始部分で TCU の音声的終了時を予測しなくてもよいことが主張されている。榎本（2007）の研究においてユニークな点は、これまでに相互行為分析が目に見えるものの観察に基づき明らかにしてきた円滑な話者交替を実現する投射に関し、心理学的視点を取り入れ、解釈者が言語的リソースを利用する認知メカニズムの解明を試みた学際的視点にある。

　榎本（2007）の実験では、日本語地図課題対話コーパスから抽出した以下ⅰ～ⅳの4タイプのターンを刺激として被験者に提示し、発話開始後、発話が終了すると思うところでできるだけ早くボタンを押すよう指示された被験者の反応時間を測定している。

　　ⅰ）酒場ってのが［ある］［のね］　　動詞「ある」があり、その末尾に潜在的前完結可能点がある。発話末要素「のね」が前完結可能点を確定する。
　　ⅱ）灯台のすぐ左［です］［よね］　　動詞がなく、潜在的前完結可能点が予測できないが、発話末要素「よね」から前完結可能点を確定する。
　　ⅲ）峠の右下に［出る］［　　］　　　動詞「出る」があり、その末尾に潜在的前完結可能点がある。発話末要素がなく休止に伴う韻律の変化が生じる。
　　ⅳ）魔術山の右にカモシカ［　　］　　動詞がなく、潜在的前完結可能点が出現せずに TCU が終了する。

　実験の結果、被験者の反応時間差はそれぞれ、ⅰ）≒ⅱ）、ⅲ）＜ⅳ）、ⅰ）＜ⅲ）、ⅱ）＜ⅳ）となる。このことから榎本（2007）は、「発話末要素の出現が予測されるか否かにかかわらず、発話末要素の出現と同時にそれが認識され、発話が

開始されることの証拠」(榎本, 2007, p. 219)、「円滑な話者交替を実現するために聞き手(解釈者(引用者加筆))は、発話末要素をトリガーとして発話すれば十分である」(榎本, 2007, p. 219)と結論づけている。

3.3.3　インタラクションと予測とのかかわりにおける問題点

　話者交替に関連する投射の要因となるものには、統語的要素の他、ジェスチャーや視線の配置、プロソディーなど、複数の要因によることがこれまでに指摘されており (Clark, 1996; Ford, Fox & Thompson, 1996; Goodwin, 1980, 1987; Kendon, 1967; 喜多, 2002; McNeill, 1992)、近年、各要因間での認知上の相互作用的側面について明らかにされつつある。その一方で、話者交替以外の部分においては未だ明らかとされていない部分が多く、高梨 (2007) も「投射の概念を単に「話し手のターンがいつ完了するのか」だけでなく、「進行中の発話がどのような内容を持って展開されるのか」についての予測を含むことができるように拡張しなければならない」(高梨, 2007, p. 161) ことを述べている[46]。

　会話において進行中の発話がどのような内容を持って展開されるのかということは、会話参加者同士の間で進行中の発話が規定されていく過程をいかに捉えるかということと密接にかかわる。そうした会話参加者間での発話規定過程に関し大津 (2006) は、「遊び」としての対立の合図となるものに、発話の繰り返し、韻律の操作、感動詞の使用、スタイル・シフト、笑いがあるとしている。ただ、大津 (2006) において合図とされているものは、どちらかといえば、既出の対象(対立言語行動)を遡及的に規定するものとして考えられている。したがって、合図の全てが既出の対立が「遊び」であることを遡及的に規定するものとして働くと考えてよいのかという点では疑問が残る。合図として、言語行動の解釈者内での予測的に行われる処理にかかわってくるものはないのだろうか。むしろ、予測的に行われる処理にかかわってくる合図があるからこそ、会話に現れる言語行動を規定するための推論が円滑に行われるのではないだろうか。

---

[46]　高梨 (2007) は「ターン完了点や行為タイプの投射以外に、当該ターンで話される内容についての予測という観点が重要であるが、この点についてはこれまで体系的に分析されてきているとは言いがたい」(高梨, 2007, p. 161) と述べている。

3.4 実証的考察において取り組む課題
3.4.1 問題点の総括

多様な聞き返し発話に対し、母語話者のオンライン処理が予測的推論処理のもと、どのようなメカニズムでなされているかを把握することは、聞き返し発話に対する学習者のオンライン処理の課題解決にとって有益となることが考えられる。本章では先行研究に見られる発話の予測的推論処理にかかわる言及について理論的考察を行い、先行研究の知見として本研究に適用する際に考慮する必要がある問題点について述べてきた。以下、それらの問題点を総括する形で再度記す。

認知語用論的アプローチによる手続き的意味の分析は、後続の発話に対し予測的に行われる語用論的推論とそれを引き出す契機とが存在することを示している点で様々な聞き返し発話のオンライン処理が解釈者にいかにして実現されているのかを解明する上で手がかりとなり得るが、予測的推論とそれを引き出す契機とのかかわり上、非言語的契機において不明瞭な部分が残されており、感動詞に手続き的意味が記号化されていること自体の検証が不十分であるだけでなく、同一の感動詞が後続発話との関係を持つ場合と持たない場合とがいかなる条件で決定されるのかという点でも明瞭に説明されていない。

また、手続き的意味の作用に関し、接続詞を中心に文処理研究の分野である程度実証されている部分があるものの、文処理研究のように言語的インプットのみに基づく結果から、会話における言語的インプット以外に基づくオンライン処理について十全に説明することは不可能であり、感動詞のような非言語的インプットによる手続き的意味の作用面における多様性についても考慮する必要がある。これらは、聞き返し発話のオンライン処理が予測的推論処理のもと、どのようなメカニズムでなされているかを把握する上でもかかわってくることが予想される問題点であり、本研究にとって有益となる先行研究からの知見を適用するにあたって、解消しておく必要があると考える。

感動詞を対象に検討されてきた発話者の心内処理については、これまで発話者の視点を中心に検討されてきた内容をインタラクションにおいて解釈者がどう受け止めるのかという視点から捉え直し、感動詞により解釈者内で後続発話に対する処理が予測的に行われるメカニズムを明らかにする必要がある。すなわち、発話者の生理的・心理的状態を解釈者が知ることが感動詞単独のみならず、他の発話が後続する際を含め、解釈者が個々の文脈上で具体的な意味表示を復

元することといかに結びつくのかについて説明する必要があり、それゆえに解釈者の視点からの検討が必要となる。

インタラクションと予測とのかかわりについては、話者交替以外の予測において明らかとされていない部分が多く、進行中の発話内容の展開を含め明らかにしていく必要がある。解釈の手がかりとなる合図には、発話の繰り返し、韻律の操作など、様々なものがあげられているが、それらの多くが既出の言語行動を遡及的に規定するものとして捉えられており、合図としての働きに関し、解釈者内での予測的処理とのかかわりについても詳細な検討が必要である。

以上のことから、本研究では次章以降の実証的考察において下記Ⅰ～Ⅲの課題に取り組む（括弧内は各課題に対応する章を示す）。それらを通じ、聞き返し発話において予測的に行われる語用論的推論が何を契機とし、どのように行われるかについて明らかにする。

Ⅰ．実際にどのような聞き返し発話があるのか。そして、それら聞き返し発話に対し予測的に行われる語用論的推論とは、どのような刺激が契機となり引き起こすのか（第4章）。
Ⅱ．聞き返し発話に対し予測的に行われる語用論的推論において、言語的刺激とパラ言語的刺激とはどのようにかかわるのか（第5章）。
Ⅲ．聞き返し発話に対し予測的に行われる語用論的推論の契機は、予測的に行われる語用論的推論に対し一様に作用するのか（第6章）。

3.4.2　認知語用論的アプローチを理論的枠組みに採用する有益性

認知語用論的アプローチは、発話の意味の復元処理に関与する情報を厳密に規定している。発話に記号化される情報の性質としては、3.1.4で述べたように、概念的か手続き的か、真理条件的か非真理条件的か、明示的か非明示的かの組み合わせにより八通り考えられる。本研究では前項の課題Ⅰ、Ⅱ、Ⅲに述べているように、発話解釈上の情報操作についての議論が中心となる。そこでの議論上、対象となってくる情報に関し認知語用論的アプローチでは一定の体系的規定がなされている点で、それら規定を前提とすることが議論の展開上、有益である。

また、3.1.3で述べたように認知語用論的アプローチは、人間の普遍的な認知システムに関する総合的な研究に基づいて理論化し（関連性理論）、発展させて

きた。よって、その理論的汎用性は、「関連性理論があらゆる言語研究に適用可能であるということであり、ある特定の言語形式の記述にも有効な枠組みとして機能する可能性を持つと考えられる」(名嶋, 2007, p. 20) 点で、本研究にとって有効な理論的枠組みであると考えられる。具体的には本研究であげた課題のうち、ⅠおよびⅡを解決する上で手がかりとなる、発話に対し予測的に行われる語用論的推論とは何であるかということと、それを引き出す上で何が契機となるかという点に関し、認知語用論的アプローチを背景とする先行研究による一定の蓄積がある。本研究では、日本語という個別言語の、さらに聞き返し発話という特定の発話を考察するにあたり、それら先行研究による知見と結び付けた際の理論的整合性を吟味することが本研究および先行研究における分析の妥当性を明瞭にする上で有益となると考える。

3.4.3 研究の方向性

　ここまで予測的推論処理という用語について定義することなく用いてきたが、ここで本研究が扱う予測的推論処理とは何であるかということを明確にしておく。予測的推論処理とは、会話で発話をオンラインに処理するにあたり、経験知から主体が必ずしも意識することなくデフォルトで行うことが可能な語用論的推論処理を指す[47]。ゆえに、地震の生起や次のレースでの勝ち馬を予測するといった、何かしら一つのものを的中させようとして意図的・積極的に行う推論のことではない。

　また、本研究では上記の意味での語用論的推論のうち、推論の対象となる発話が既出か未出かという段階があることを重視し、次頁の図 3.8 に示すように、

47　上記、予測的推論処理を定義するにあたり、石黒 (2008) による「予測という働きがあれば、後続の文脈展開の可能性を狭めることができ、情報処理の効率は格段に向上する」(石黒, 2008, p. 64)、「後続の文脈展開の可能性を絞り、次に目に飛び込んでくる文の意味範囲を制限するものである。いわば、予測は後続文を読むための『構え』を作る働きをするのである」(石黒, 2008, p. 64) といった記述は参考となった。ただ、石黒 (2008) による予測は、「当該文を読んで感じられる情報の不全感を後続文脈で解消しようとする理解主体の意識の働き」(石黒, 2008, p. 64) として定義されている。本研究は、石黒の言う不全感を契機に生じる予測を否定するものではないが、今井・西山 (2012) で「われわれは、文の言語的意味を捉えているつもりでありながら、それと気づかぬうちに語用論的読み込みを深く浸透させている」(今井・西山, 2012, p. 234) と述べられる語用論的読み込み (語用論的推論) の一部を予測的推論処理として考えており、主体が情報の不全感を感じるか否かにかかわらず、発話のオンライン処理に対する経験知からデフォルトで行われる推論処理として捉えている点で異なる。

既出の後続発話における意味表示の復元処理に関与する推論（post-inference）と、これから導入される後続発話における意味表示の復元処理に関与する推論（pre-inference）とを区別する。本研究では、これら予測的推論の具体的な手順が手続き的意味として記号化されている言語的またはパラ言語的刺激が存在し、会話での発話のオンライン処理に要すると仮定し、検討を進める。

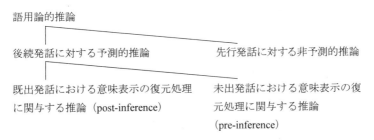

図 3.8 pre-inference

次章以降、まず第 4 章では、「課題 I．実際にどのような聞き返し発話があるのか」について、聞き返し発話の相互行為分析から多様な聞き返し発話を可能な限り取り上げ、それらの意味・機能を類型化する。その上で、「聞き返し発話に対し予測的に行われる語用論的推論とは、どのような刺激が契機となり引き起こすのか」について、言語的・非言語的視点から検討し、それぞれの契機が持つ性質について論じる。それを受け第 5 章では、「課題 II．聞き返し発話に対し予測的に行われる語用論的推論において、言語的刺激とパラ言語的刺激とはどのようにかかわるのか」について、発話の予測的推論処理を引き起こす契機の中から感動詞を取り上げ、発話の予測的推論処理にかかわる言及の問題点として第 3 章で指摘した、解釈者による意味表示の復元の問題点に関する理論的考察を行い、言語的発話の予測的処理に感動詞が関与する特質を示す。第 6 章では、「課題 III．聞き返し発話に対し予測的に行われる語用論的推論の契機は、予測的に行われる語用論的推論に対し一様に作用するのか」について、心理言語学的実験によって聞き返し発話の予測的推論処理に感動詞が関与する多様性を検討する。具体的には、聞き返し発話から解釈者が復元する明示的意味と暗示的意味のそれぞれに感動詞が関与する程度差を明らかにし、感動詞による解釈者の予測的推論処理に対する制約が多様であることを示す。

以上のように本研究は、認知語用論的アプローチ（言語学）を理論的基盤としつつ、社会学、心理学分野の視点を取り入れた学際的視点から、定性的・実験的手法により得られた分析結果を組み合わせて考察することにより課題の解決を試みる。

3.5　第3章のまとめ

第3章では、予測的推論処理に関する言語理論的考察として、認知語用論的アプローチで提示されている手続き的意味と解釈者による意味表示の復元との関係、日本語の感動詞研究で提示されている発話者の心内処理に関する記述、会話・談話研究で言及されるインタラクションと予測とのかかわりを取り上げ、各研究上の到達点と問題点とを整理した。また、本研究が扱う予測的推論処理に関し、会話で発話をオンラインに処理するにあたって経験知から主体が必ずしも意識することなくデフォルトで行うことが可能な語用論的推論処理であると定義するとともに、第4章以降で本研究が実証的考察として取り組む課題が次の三点「課題Ⅰ．実際にどのような聞き返し発話があるのか、また、それら聞き返し発話に対し予測的に行われる語用論的推論とは、どのような契機が引き起こすのか」、「課題Ⅱ．聞き返し発話に対し予測的に行われる語用論的推論において、言語的刺激とパラ言語的刺激とはどのようにかかわるのか」、「課題Ⅲ．聞き返し発話に対し予測的に行われる語用論的推論の契機は、予測的に行われる語用論的推論に対し一様に作用するのか」であることを示した。

上記の課題は、予測的推論処理に関する言語理論的考察から明らかとなった以下の点に基づいている。まず、認知語用論的アプローチによる手続き的意味の分析に関し、後続発話に対し予測的に行われる語用論的推論とそれを引き出す契機とが存在することを示している点で、様々な聞き返し発話のオンライン処理が解釈者にいかにして実現されているのかを解明する手がかりとなることを述べた。その一方で、問題点として、予測的推論とそれを引き出す契機とのかかわり上、非言語的契機において不明瞭な部分が残されており、感動詞に手続き的意味が記号化されていること自体の検証が不十分であること、そして、同一の感動詞が後続発話との関係を持つ場合と持たない場合とがいかなる条件で決定されるのかという点で明瞭に説明されていないこと、さらに、手続き的意味の作用に関し、感動詞のような非言語的インプットによる作用面での多様性が検討されていないことを指摘した。その上で、いずれの問題点も聞き返し

発話のオンライン処理が予測的推論処理のもと、どのようなメカニズムでなされているかを把握する上でもかかわってくることが予想されることから解消しておく必要があることを述べた。

次に、感動詞を対象に検討されてきた発話者の心内処理に関し、これまで発話者の視点を中心に検討されてきた内容をインタラクションにおいて解釈者がどう受け止めるのかという視点から捉え直す必要があることを指摘した。特に、感動詞により解釈者内で後続発話に対する処理が予測的に行われているメカニズムにおいて、感動詞から発話者の生理的・心理的状態を解釈者が知ることと後続発話に対する個々の文脈上での具体的な意味表示を解釈者が復元することとがいかに結びつくのかを説明する必要があり、そのためには発話者の視点のみからの検討では不十分であることを述べた。

そして、インタラクションと予測とのかかわりに関し、話者交替以外の予測についてはほとんど明らかとされていないことをあげ、進行中の発話内容の展開を含めて明らかにしていく必要があることを指摘した。また、先行研究で言及される解釈の手がかりとなる合図は、主として既出の言語行動を遡及的に規定するものとして捉えられていることを指摘し、合図という働きの点からすると、解釈者内での予測的処理とのかかわりについてより詳細な検討が必要となることを述べた。

4. 母語話者の聞き返し発話使用

4.1 問題の所在および調査の概要
4.1.1 問題の所在

本章では3.4.1で述べた「課題Ⅰ．実際にどのような聞き返し発話があるのか。そして、それら聞き返し発話に対し予測的に行われる語用論的推論とは、どのような刺激が契機となり引き起こすのか」について考察する。第1章で聞き返し発話の諸問題として述べたように、言語教育分野において聞き返し発話を取り上げている先行研究では、学習者に用いられる聞き返し発話が曖昧な表現であることで相手に発話意図が理解されないことが問題視されてきた[48]。そして、問題点の改善には明瞭な表現を用いて発話意図を相手に伝えることをあげ、それによりコミュニケーション上の問題解決の成功率が高まると考えられてきた（林，2008; 池田，2003; 石田（猪狩），2002; 大野，2003, 2004; 尾﨑，1992, 1993, 1996, 2001; 尾﨑・椿，2001, トムソン，1994; 椿，2011）。

ただ、日本語母語話者がどのような場合に聞き返すかということについては、従来指摘されてきたような、コミュニケーションに何かしらの問題が生じている場合だけというわけではない。例えば、大津（2004）は、下記（49）の4Kに見られる聞き返し発話について「わざと誤ったことや理不尽なことを言い、相手が対立表明をするように仕向けるという方法が見られる」（大津，2004, p. 47）と述べており、従来的な「問題処理の方策」として見なしていない[49,50]。

  （49） 1F：カニ食べに行くの．
           2K：あ　食べに行くの？
           3F：うん．

---

[48] 尾﨑（1993）は「『反復要求』か『説明要求』かがあいまいな『聞き返し』は母語話者から『反復』を引き出す可能性がかなりあり、それが『聞き返し』連鎖につながるケースが多い」（尾﨑，1993, p. 28）ことを指摘している。また特に「相手の発話（の一部）をそのままオウム返しにするもの」（尾﨑，1993, pp. 26-27）であるエコー型の成功率が低いとされている。

[49] 本研究では大津（2004）の（例2）を（49）として引用する。

[50] 大津は「4Kの発話は確認を求める表現形式を取ってはいるが、本当にFに確認してもらおうという意図はない。」（大津，2004, p. 48）と述べている。

→ 4K：釣りに行くんじゃないの？ハハハハハハハハハハハハハハハハ→
→ 5F：　　　　　　　　　　　　　　　　ちゃうちゃう→
　　K：ハハハハハハハハハハハハハハハハハ→
　5F：ちゃう．つ：　どうやって釣るの：．→
　　K：ハハハハハハハハハハハハハハハハハ
　5F：カニって釣れるんですか：？
　6K：知りません．

(大津，2004, p. 48)

　上記のような「非問題処理の方策」としての聞き返し発話と「問題処理の方策」としての聞き返し発話との間で明確に異なる点は、聞き返し発話を発している側の認知的な処理の違いに求められる。3.2.2 で述べたように、感動詞を対象として発話者の心内処理（心的な手続き）に言及している田窪（1992）によると、「『えっ、はっ』は、共有状態の想定の失敗により、相手の発話を正しく登録できなかったという状態を示す。」（田窪，1992, p. 1117）とされ、「『へーえ、ふうん』というのは、共有状態の認知に関して、合意し、相手の情報が新規に登録されたことが前提になる」（田窪，1992, p. 1117）と記述されている。

(50)：え、たなかって、田中次郎のことですか。（値の確認）（再掲（47））
(51)：へーえ、たなかって、田中次郎のことだったんですか。（再掲（48））

(田窪，1992, p. 1117)

　ここで、田窪（1992）により「登録できない」あるいは「登録された」と述べられている認知的な処理状態に関し、登録の対象となる発話の認識状態を考慮すると、登録の対象である発話の命題が意味表示として心内で復元されている（確定できている）かどうかという問題は、登録できるかどうかが決まる段階よりも前の段階で解決されていなければならないと言える。逆に言えば、意味表示として復元できていなければ、その発話の命題について登録するかどうか判断できないわけである。したがって、登録するかどうかを判断する段階で行っている処理というのは、心内において意味表示として復元された（確定済みの）発話の命題に対して、何らかの判断を下すことであるということにな

る[51]。このような発話処理段階を基準に考えると、聞き返し発話は少なくとも、意味表示として相手発話の命題の復元にかかわる段階、意味表示として復元された相手発話の命題の受け入れ判断にかかわる段階、そして意味表示として相手発話の命題の復元にも復元された相手発話の命題の受け入れ判断にもかかわらない段階、といった三つの処理段階に生じるものに分かれる。下記図4.1 は、それら三つの処理段階を図示したものである。

図 4.1　聞き返し発話が生じる発話処理の各段階

　意味表示として相手発話の命題の復元にかかわる段階とは、聞き返し発話の発話者が相手発話の命題を心内で復元できていない状態を示す。そして意味表示として復元された相手発話の命題の受け入れ判断にかかわる段階は、復元の段階が済み、その情報を自分のデータベースに取り入れるかどうかを判断している状態であり、さらに意味表示として相手発話の命題の復元にも復元された相手発話の命題の受け入れ判断にもかかわらない段階とは、意味表示として相手発話の命題の復元自体は済んでいる状態ではあるが、データベースに取り入れるかどうかを判断しているのではない状態を示す。このような認知処理の観点から見ると、従来の「問題処理の方策」としての聞き返し発話は、相手発話の命題を心内で復元できていない状態で発する発話に相当することから、意味表示として相手発話の命題の復元にかかわる段階に生じたものとして位置づけられる[52]。

51　田窪（2005）では「『はっ』『えっ』など促音をつけると受理には成功したがデータベースにリンクし処理できなかったことを表す」（田窪，2005, p. 19）、「これが『ええっ』となると、さらに自分のデータベースへの繰り入れが困難であること、たとえば聞いたことが信じがたいことを表す」（田窪，2005, p. 19）としており、発話に関する復元（確定）の処理と判断する処理とが区別されている。

52　尾崎・椿（2001）は、「理解に問題を感じた聞き手が話し相手に反復あるいは説明を要求しているならば、「え？」は「聞き返し」であるが、相手の発話に対する疑念や不同

では、その他の段階に生じる聞き返し発話については具体的にどのようなものがあるのだろうか。また、それぞれの聞き返し発話を受け取る側にとって予測的に行われる語用論的推論を引き起こす契機となるものにはどのようなものがあるのだろうか。本章では、上記の点を検討することにより、オンラインに行われる聞き返し発話の処理上で予測的に行われる語用論的推論という操作過程の内実が何を契機とし、どのように行われるものであるかを概略的に示す。

4.1.2 データ

多様な聞き返し発話が見られる自然な会話データを得ることに配慮し、日本人大学生による親しい友人同士による2者間での雑談を録音した（2009年7月～8月）。20代の男女10名（男性：4名、女性6名）にICレコーダーを渡し、レコーダーの操作は全て会話参加者自身に任せ、録音場所や時間の制限はしていない[53]。よって雑談の行われた場所は大学内教室、自宅など様々で、録音時間も30分から50分くらいまでと幅がある。

以上の方法により10組分の雑談音声、約八時間を収集した「巻末資料A」を参照）。聞き返し発話の音声的特徴の分析には、録音後、wave形式、量子化16bit／サンプルレート44.1kHzでパソコンに取り込み、SUGI Speech Analyzerを用いた。ただし、多様な聞き返し発話が見られる自然な会話データを得ることに配慮した結果、得られた音声データの中には、空調その他の雑音が入り込んでおり、目標音声のみを抽出することが技術的に困難であったものある。よって、以下で示す音声的特徴のデータ（ピッチ曲線図）は目標音声として抽出できたもののみであることを断っておく。録音後の文字化に使用した記号は下記Gail Jeffersonにより開発されたものをベースに若干の改定を加えたもの（串田・定延・伝, 2005, シリーズまえがき：xi–xxi）を用いた。

[		左角括弧は、二人以上の発話や音声が重なり始めた時点を示す。
]		右角括弧は、発話や音声の重なりが終了した時点を示す。
=		等号は、その前後に感知可能な間隙がまったくないことを示す。
(.)		丸括弧内のドットは、その位置にごくわずかの感知可能な間隙（おおむね0.1秒前後）があることを示す。ドットの数は、間

意を表している場合には『聞き返し』とは言えない。」（尾﨑・椿, 2001, p. 29）としている。
53　会話時間の下限は20分以上となるようお願いした。

	隙の相対的長さを示す。
：	発話中のコロンは、直前の音が引き伸ばされていることを示す。コロンの数は、引き伸ばしの相対的長さを示す。
？	疑問符は、直前部分が上昇調の抑揚で発話されていることを示す。
↑	上向きの矢印は、直後の部分で急激に音が高くなっていることを示す。
↓	下向きの矢印は、直後の部分で急激に音が低くなっていることを示す。
<u>文字</u>	下線部分が強調されて発話されていることを示す。例えば、同じ話者の前後の発声に比べて音量が大きい場合や、音が高くなっている場合など。
°文字°	この記号で囲まれた部分が弱められて発話されていることを示す。例えば、同じ話者の前後の発声に比べて音量が小さい場合や、音が低くなっている場合など。
ｈｈ	小文字のｈは呼気音を示す。呼気音の相対的長さはｈの数で示す。この記号は「ため息」「笑い」などいくつかの種類の異なるふるまいを示す。
.ｈｈ	ドットに先立たれた小文字のｈは吸気音を示す。吸気音の相対的長さはｈの数で示す。
＜文字＞	不等号で囲まれた部分が、前後に比べてゆっくりと発話されていることを示す。
＞文字＜	不等号で囲まれた部分が、前後に比べて速く発話されていることを示す。
(…)	全く聞き取れない発話は、丸括弧の中に点線で示す。発話の長さを示すときには点線の長さによって示す。
行頭の→	分析において注目する行は行頭に矢印を付して示す。
行末の→	あいづちなど相手の発話が一時的に重なっているが、発話が継続していることを示す。
((文字))	転記者によるさまざまな種類の注釈・説明は、すべて二重丸括弧で囲って示す。
○○等	丸印や三角印は会話参加者の特定につながり得る個人名の伏字として示す。

4.1.3 方法

聞き返し発話の分析にあたり、インタラクションの社会言語学の研究枠組みに基づき分析を行った。分析で重視した点は、言語使用を伴うある現象の認定において焦点となる現象を会話状況に生じた結果として、その結果が会話参加者間に顕在化されている具体的行為から達成されているプロセスを明らかにすることである。具体的には、まず採集した聞き返し発話例を前述の発話処理段階により相手発話の命題の復元にかかわるか否かで分けた後、復元にかかわらない例に観察される言語的および非言語的特徴と、相互行為分析の手法を用いて聞き返し発話の直後での解釈者による反応の在り方や聞き返し発話が生じる前後の発話連鎖などの共通点を列挙し、各発話例の意味・機能を記述・分類していった。本章で示す分類の結果は分析結果案を他者（日本語教育学専攻の大学院生 11 名）に提示して検討を求め、出された意見をもとに再度検討を加える経緯を重ねてまとめたものである。

4.2 聞き返し発話の意味・機能類型
4.2.1 分析結果の概観

まず、聞き返し発話の意味・機能についての全体図を下記図 4.2 に示す。聞き返し発話は、聞き返し発話が発される発話処理段階に応じ、従来の「聞き取れない・字義的意味が分からない」の他、「驚き」、「不審・不満」、「面白がり」、「時間稼ぎ」、「進行催促」、といった多様な意味・機能を会話で帯びていることが明らかとなった。

```
┌ 発話の命題の復元にかかわる
│    「聞き取れない・字義的意味が分からない」(46.1)
└ 発話の命題の復元にかかわらない ─┬ 発話の命題の受け入れ判断にかかわる
                                    │    「驚き」(17.1)、「不審・不満」(11.8)
                                    └ 発話の命題の受け入れ判断にかかわらない
                                         「面白がり」(18.4)、「進行の催促」(4.0)、
                                         「時間稼ぎ」(2.6)
```

図 4.2 聞き返し発話の意味・機能（括弧内は用例 %、総数 76）

以下では意味表示として相手発話の命題の受け入れ判断にかかわる聞き返し

発話および意味表示として相手発話の命題の復元にも復元された相手発話の命題の受け入れ判断にもかかわらない聞き返し発話を中心に具体例と上記分類の根拠となった現象を記述する。

4.2.2 「驚き」

以下、(52) に見られる 0296A「昼?」という聞き返し発話は、0294A に「>けっこう夜遅かったの：<」があることから、発話者が発話時において直前の相手発話とは異なる想定を持っており、直前の相手発話の命題の受け入れに対する判断において、そのまま受け入れられなかったこと、つまり、「驚き」と見なし得る。

(52) 0287B　40分ぐらい
　　　0288A　ｈｈｈ
　　　0289B　味噌ラーメン
　　　0290A　長いこと：
　　　0291B　何なら閉めかけたんじゃないかってところから
　　　0292A　ｈｈｈ
　　　0293B　必死に作っていただきまして
→　 0294A　お：なるほどね：>けっこう夜遅かったの：<
　　　0295B　昼ですよ昼
→　 0296A　昼?
　　　0297B　うん (.) 正にランチタイム (.) 1時とか
　　　0298A　あ：そう
　　　0299B　うんだから超あの：食べたんでしょうね30人ぐらいだからいっぱい来て
　　　0300A　あ：なるほどね

(52) における 0291B、0293B の発話から、B は注文したラーメンが出てくるまでに時間がかかった理由として、店じまい前に入ったことによるのかもしれないと考えていることが分かる。一方、A は時間がかかったのは店じまい前であるという B の推測に対し、0294A で「お：なるほどね：」と納得を示した上でさらにそのような推測を妥当なものにする推測「>けっこう夜遅かったの:<」

を述べる。しかしここでBがラーメン屋の様子を話題にしているもう一つの理由が明かされる。それは注文の品が出てくるまでに時間がかかったというだけでなく、しかもそれが昼どきであったことがBによって明らかにされる。Aによる0296A「昼？」という聞き返しが生じるのはその直後である。

　ここで生じている聞き返し発話の音声的な特徴を示したものが下記図4.3である。横軸は時間を示し（1秒あたりの表示幅を1000とする同時間軸で表示）、縦軸は周波数（対数表示）を示す（以下、同様）。図4.3の通り、0296A「昼？」という聞き返し発話は発話末イントネーションが発話最終拍「る」で急激に上昇する。

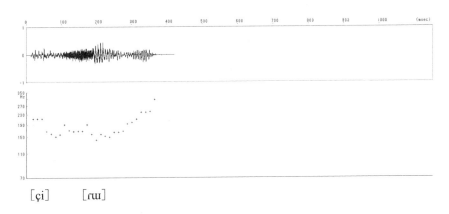

図4.3　「驚き」のピッチ変動

　こうした上昇形式は次の（53）に示すような、「聞き取れない・字義的意味が分からない」聞き返し発話の上昇調とは顕著に異なるものである。

```
(53) 0817B　俺かみじゆうすけの魅力が分かんない
     0818A　あ：でもな最初はかっこいいと思った最初かっこいいと思った
            し：最初面白いと思ったけど：
     0819B　うん
     0820A　ま：特に：なんか（.）ジョオーって分かる？
   → 0821B　うん？ジョオー？
     0822A　うん
```

```
0823B    え
0824A    あの：なんだっけあおいさわことかがさ：
0825B    うん
0826A    出てた（.）ドラマがあって：
0827B    うん
```

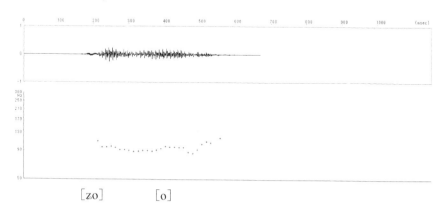

図 4.4 「聞き取れない・字義的意味が分からない」のピッチ変動

つまり（53）のように、相手発話の命題を心内で復元できていない状態で発される聞き返し発話は、上記図 4.4 のように発話末で上昇するものの、先の図 4.3 が示すような急激な上昇は見られない。

また、下記（54）ではバレーボール部に所属する二人が監督する先生に恒例の挨拶に行くことについて話している。挨拶に行った際にはみんなで一緒にお昼ご飯を食べるということに関し、A に同意を求められた B は聞き返している。続いて B には A による「↑えっそうなんじゃない？分かんない」の後、0040B において「↑あ：そうだ［〜さん］」と過去に参加した経験がある人についての思い出しの表示が見られる。この思い出しの表示から B が聞き返した時点では、まだ相手の発話が示す命題に対する想定がなかったことが分かる。よって 0038B において「＞↑食べるの？＜」と聞き返し発話が生じているのは、その直前の命題（お昼を食べる）の受け入れに対する判断においてそのまま受け入れられなかったことを示していることが認められる。ここで生じている聞き返し発話の音声的特徴として、発話のイントネーションが発話開始直後より急激

に上昇しており、声の大きさも局所的に大きくなっている[54]。

(54) 0014B あの何だっけ○○先生に挨拶しにいくの：
　　　0015A　そう［だから］
　　　0016B　　　　［いつん］なったの？＝
　　（省略）
　　　0025A　都合悪い日教えてって言ってたよね
　　　0026B　でももう期間に入ってるからね
　　　0027A　うんでもなんか（.）でもじゃない（.）なんなん
　　　0028B　ｈｈ
　　　0029A　男子が：もう22から練習始まるから：
　　　0030B　↑あっそうなの？
　　　0031A　うん
　　　0032B　［はや］
　　　0033A　［だか］だから［もし］かしたら＝
　　　0034B　　　　　　　　［うんうん］
　　　0035A　＝8月中もあるかもしれないって言ってた
　　　0036B　ふ：ん
　　　0037A　でもなんかお昼食べるんだよね
　→　0038B　＞↑食べるの？＜
　　　0039A　↑えっそうなんじゃない？分かんない
　　　0040B　↑あ：そうだ［○○さん］
　　　0041A　　　　　　　［なんか］言ってたよね＝
　　　0042B　＝言ってたなんかお弁当で済まされただの何だのって＝
　　　0043A　＝あ↑そうなの？＝

さらに下記（55）では、→のある聞き返し発話が見られるターンの開始部において感動詞「↑え：」が見られるが、その「↑え：」の音声的特徴は開始直

54　前川・北川（2002）において日本語音声のパラ言語情報の「多くは発話の冒頭や末尾において局所的に顕在化している」（前川・北川，2002, p. 60）と述べられている。また川上（1956）ではアクセント型の実現について文頭の「早上り型」と「遅上り型」イントネーションは、感情の表出とかかわりがあることが述べられている。

後より急激に上昇するものである。「↑え:」に続いて発話される聞き返し発話の声が大きくなるのは、直前の「↑え:」における音声的特徴の急激な変化の傾向に沿うことで引き起こされている。そして、この音声的特徴における急激な変化傾向は同じターン内部で持続しており、聞き返し発話「ずっとずっと病院にいたの？」における発話末にかけての上昇調も「いたの？:」のように緩やかに伸びて上昇してはいない。一方、聞き返し発話が生じている状況について見ると、バレーボール部に所属する二人のうち一方（B）が大会の出先でインフルエンザに感染した可能性のある友人を病院に連れて行った際、検査の結果、入院の必要があると告げられるまで長時間（4、5時間）待たされたことを述べている。AはBがそのように長い時間を病院で待たされたことについて「ずっとずっと」と強調しつつ聞き返しており、Aによるこの発話からAがBの発話の命題に対しそのまま受け入れられなかったことを示していることが認められる。それは一方でそうした長時間待つ間にうちに一度帰ったりするなどすることも可能であるだけに、AにとってはBがそうしなかったのかどうかを知っておくことがBが行ったこと（病院で待ち続ける）に正当な評価を与えるには重要となることから分かる。

(55) 0241B　うん (.) そんで (.) なんか (.) (.) んとね入院？
　　　0242A　うん
　　　0243B　するっていう話になって
　　　0244A　え
　　　0245B　はじめ
　　　0246A　うん
　　　0247B　>あたしが〜連れてったのが6時ごろでさ<
　　　0248A　うん
　　　0249B　そっからもうしご時間ずっと待たされて
→　 0250A　↑え:ずっとずっと病院にいたの？
　　　0251B　>そうそうそう<
　　　0252A　↑え:そうなんだ

4.2.3 「不審・不満」

以下 (56)、(57)、(58) における聞き返し発話を見ると、前述した (55) と

同様にいずれも感動詞「え：」と共起していることから、どの聞き返し発話においても相手発話の命題の復元段階について問題にしているのではなく、復元された発話の命題についてその受け入れを問題にしていることが認められる。ただここで見られる感動詞「え：」における音声的特徴として、イントネーションは先の（55）のように急激に上昇しておらず緩やかに上昇しており、後に続く聞き返し発話も同様の韻律的振る舞いを見せる[55]。さらに前後のターンに比べると聞き返し発話が生じるターン内発話の話速も遅くなっている。これらの聞き返し発話は、（55）のように単に相手発話の命題を受け入れられなかったことを示すというより、受け入れることに対し障害が存在すること、すなわち「不審・不満」を示しているものと考えられる。

(56) 0884B　ｈｈなんじゃワールド（.）っていうのを
　　　0885A　それ（.）パクってるよね？ｈｈｈ
　　　0886B　いや
　　　0887A　ｈｈｈあったよね？なんか：
　　　0888B　［なんじゃワールド］
　　　0889A　［なんじゃタウン］みたいななかったっけ：
　　　0890B　いや（.）なんじゃワールドですね
→　　 0891A　え：なんじゃワールド：？

（56）において聞き返し発話が生じている発話連鎖を具体的に見ていくと、AはBが発案したと述べる新しいテーマパークの名前に関し、剽窃の疑念を抱いている。これに対しBは、ただ0890B「いや」と述べるのみで、「なんじゃワールドですね」と押し切る。Aによる聞き返し発話が生じるのはこのBが押し切る発話の直後であるが、ここでAがBによる直前の発話をそのまま受け入れて

55　前川・北川（2002）はパラ言語情報の産出実験結果として、「疑い」を示すパラ言語情報に関し、「発話の冒頭ではピッチが明らかに低く始まり、持続時間が延長された冒頭音節の半ばまで低さが維持された後、上昇に転じている。その結果、句頭におけるピッチの上昇幅は他のタイプ（「中立」、「強調」、「無関心」（引用者加筆））に比較して大きなものになっている。」（前川・北川, 2002, p. 53）ことを述べている。ここでいう「中立」とは、何の気持ちもこもっていない棒読みの発音、「強調」とは「中立」と同じ棒読みの発音であるが、特に遠方に位置する聴き手に話しかけるために大きな声を出す発音、そして、「無関心」とは、単なる相槌として「ああ、そうですか、興味ありません」という意味をこめたものとされている。

いるとは考えにくく、さらに (54) に 0885A「それ (.) パクってるよね？ ｈｈｈ」、0887A「ｈｈｈあったよね？なんか：」、0889A「［なんじゃタウン］みたいななかったっけ：」といった、相手発話の命題の受け入れに対し抵抗する表示が見られる。これらの表示は受け入れを不可とする上での強い確信を伴うこと（どこかで見聞きしたことを表す）の証拠ともなっている。(56) のような聞き返し発話において発話末イントネーションを見ると、下記図4.5に示すように、発話最終拍の母音が伸びた緩やかな上昇調となっている[56]。

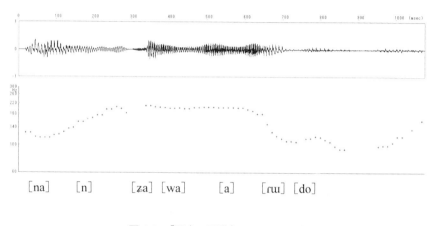

図4.5 「不審・不満」のピッチ変動

このような聞き返し発話における発話の仕方による違いとそれによる情報伝達上の違いは下記 (57) を見るとより明らかとなる。

(57) 0977A　ベストセッター誰だったの？〇〇ちゃん？ (.) (.) △△
　　　0978B　△△
　→ 0979A　え：△△なの：？
　　　0980B　だった

(57) において 0979A に「え：△△なの？：」という発話が見られるが、その発話のイントネーションは先の (56) のように緩やかに上昇する。(57) に

56　Nick (1997) でも「躊躇やためらいがある発話には音韻時間長の長い音素が出現する傾向があると考えられる」(Nick, 1997, p. 69) と述べられている。

おいて会話参加者の二人はバレーボールの大会に参加しており、二人のうち一方（A）はインフルエンザのため大会途中に抜けることとなったため、大会で選出された優秀選手が誰であったのかを話題にしている。この場合、Aは大会参加者の一人でありベストセッターに選出された者についての情報を持っていなければここで見られる発話の仕方によって聞き返すことができないと思われる。そのことからすると聞き返すにあたっての発話の仕方は相手発話の命題の受け入れが不可と判断される際の確信の強さにかかわるものと考えられる。そのような前提に立てば、受け入れ不可とするのにそれほど強い確信がないならば、単に受け入れられなかったことだけを示すこととなり、強い確信があるなら、受け入れることに対する抵抗を示すこととなると説明することができる。実際、0979Aの発話においてイントネーションを急激に上昇させ、「↑え：△△なの？」と聞き返すことは可能であろうが、その場合、聞き返し発話の解釈者側にとって、その聞き返し発話が、命題の受け入れに対する<u>抵抗を示している</u>とまでは、解釈されないだろう。

　下記（58）においても、上記（56）や（57）と同様、発話最終拍の母音が伸びた緩やかな上昇調を伴う聞き返し発話が0399Bから0401Bにかけて見られる。ここではAがBに病院でたまたま耳に入ってきた他者の会話を目にした光景とともに語っている。Bは0396A「階段から落ちて：」まではもっぱら相槌を打ち聞き役をしているのみであるが、0398A「すごいもう顔面（.）ぼっこぼこの人が：」という発話の後から相手発話の命題の受け入れに対し抵抗する表示が観察される。それに対して、Aは0402A「うんあか赤くて」、0404A「真っ赤になってま：軟膏みたいなのこう塗ってて：」といった、目にした情報の詳細や、0406A「あ：怖いこういう人も来るんだ：って思った：」のような当時の心情を表す関連情報をさらに提示する。しかし、Bが問題にしているのは、0407Bで再び「え：階段から落ちてそんなになるんだ：」と述べていることからも明らかなように、Aによる0396Aの発話「階段から落ちて：」に関し、いわば、本当に階段から落ちて顔がぼこぼこで軟膏を塗りたくられるほどになるだろうかという点での日常の経験的知識による信じ難さであり、換言すれば、命題の受け入れに対する抵抗を示していることが認められる。

(58) 0390A　でこう座って待ってたら：
　　　0391B　うん

```
         0392A  なんかこっちにかい階段から落ちたみたいな
         0393B  ふ：ん
         0394A  会話をちょっと聞こえてきたんだけど：
         0395B  うん
         0396A  階段から落ちて：
         0397B  うん
         0398A  すごいもう顔面（.）ぼっこぼこの人が：
→        0399B  え [：=
         0400A    [ 来て：
→        0401B  = 階段から ] 落ちて：？
         0402A  うんあか赤くて
         0403B  うん
         0404A  真っ赤になってま：軟膏みたいなのこう塗ってて：
         0405B  うん
         0406A  あ：怖いこういう人も来るんだ：って思った：
         0407B  え：階段から落ちてそんなになるんだ：
         0408A  そう（.）なんか
```

　以上のことから相手発話の命題をそのまま受け入れるかどうかを判断することにおいて、受け入れられないとする判断が下されるには何らかの判断の根拠があることが前提になることからすると、そうした何かしらの根拠に基づく確信の強さが聞き返し発話の音声的特徴として表示されていると考えられる[57]。

　ただし、以下の（59）の聞き返し発話が示すように、相手発話の命題に対する受け入れ判断において明らかに不可としているにもかかわらず、上昇しないものも見られる。

```
(59)  689A  そう　でシナモンメルツが190円から150円になんと値下げしたの
      690B  ｈｈｈおいしいよねあれ
      691A  うん好き
      692B  確かに
```

---

[57] 前川・北川（2002）では「感情は、言語情報・パラ言語情報のプランニングに先立って処理されている可能性もある」（前川・北川，2002, p. 61）と述べられている。

693A　でもあれ味濃くない？（.）1回食べたら1ヶ月はいいかなって感じしない？
694B　食べたこと無い
→ 695A　ｈｈｈ無いんかい
696B　見たことだけある
697A　おいしいって今いったよね今？絶対言ったよね

　(59)ではAが話題に取り上げたシナモンメルツに対し、Bは一旦共感を示す発話690B「ｈｈｈおいしいよねあれ」を発し、二人の間でシナモンメルツに対し好ましい評価を持っていることが共有されたと見なし得る。さらに692Bにおいては「確かに」とAに対する共感を確実にしたことが明示的に示されている。そこからAは逆接の接続詞「でも」と述べ、好ましい評価を持つ一方にあることとして「あれ味濃くない？」という否定的評価があるのではないかと問うている。その後畳み掛けるように、さらにその否定的評価を詳細に説明することとして、「1回食べたら1ヶ月はいいかなって感じしない？」と述べているが、Aによるこれらの問いはBが一度は食べた経験があるという前提になされている。その問いに対する応答となる694B「食べたこと無い」はそれまでのBの発話によれば矛盾した発話となっている。よってAはBの発話に対し、695A「ｈｈｈ無いんかい」という聞き返し発話を発している。しかしながら695A「ｈｈｈ無いんかい」は発話末で上昇していない。このことはこれまで聞き返し発話に関する相手発話の命題に対し、受け入れ不可と判断する際の確信が強い場合には緩やかに上昇するという音声的特徴を有すると述べてきたことと整合しないが、(59)における690B「ｈｈｈおいしいよねあれ」や692B「確かに」といった発話のように確信の根拠となる要素が顕在化しているような場合など、いわば確信がほぼ間違いないという程に達した際には、上昇が下降に転じることで、いわばあきれや拍子抜けを表示することとなると考えれば、これまで通り受け入れ判断に対する確信の反映として一貫して説明することができる。

　聞き返し発話が見られるターン内の発話のイントネーションの上昇調としては急激な上昇と緩やかな上昇が見られるが、これらにさらに通常の上昇を加えるとすると三つのタイプを仮定し得る。なおこれら三つの上昇のタイプを考えた場合、急激な上昇と緩やかな上昇は有標であるのに対し、そうではない上昇である通常の上昇はいわば無標である。ここまで有標である聞き返しは双方と

も相手発話の命題に対する判断において受け入れ不可であった場合に使用されることを見てきた。では無標である聞き返しはいつ使用されるのだろうか。無標の聞き返しは、以下（60）における二つの聞き返し発話に見られる通り、受け入れが可であった場合に使用されている。

(60) 0178B °返って来なかったよね°いいけどいいけどさあであたしの：高校小中校同じの友達が：
　　 0179A うん
　　 0180B すごい絵上手くて：
　　 0181A へ：
　　 0182B それまた違う小学校のときと違う友達なんだけどその子の年賀状が毎回あのパソコンで描いたなんかすごいすごい絵しょなんか少女漫画みたいな送られてくる
　　 0183A へ：
　　 0184B めっちゃかわいい
　　 0185A えっ西校？
　　 0186B 西校
　　 0187A 知ってる？文系？
　　 0188B 知ってるんじゃない？知ってる知ってる〜ちゃん知らない？
　　 0189A <u>知っている</u>
→　 0190B 知ってる？
　　 0191A あたし：↑えっ（.）（.）１年かな２年かな一緒でした
　　 0192B あっほんとですか
　　 0193A あれ？っ一緒なわけないよね
　　 0194B なんで
　　 0195A あ：ちがクラスは別に一緒じゃないか
　　 0196B あたしは一緒
→　 0197A 一緒だった？何で一緒だろう知ってる眼鏡かけててさ：
　　 0198B そうそう
　　 0199A 髪黒くて長い？よね
　　 0200B 長いかった（.）かもうんなんか
　　 0201A うん

0202B　うん

　(60)は相手発話の命題をそのまま受け入れることができる場合において聞き返している例であるが、このような場合に使用される聞き返し発話が無標でなければ、聞き返し発話の解釈者に「自分の発話の何が悪かったのか」と思わせることとなるであろう。(60)ではBが高校が同じであった友人と年賀状のやり取りをしていることを述べ、Bと同じ高校であったAがその友人を知っているかどうかを話題にしている。ここで話題開始時点ではAがその友人のことを知らないと思っていたBにも話しながら実はAもその友人のことを知っているのではないかという推測が生じていることが0188B「知ってるんじゃない？知ってる知ってる」から認められるが、Bはその推測を明示した後、そうした推測が正しいかどうかをAに問うている。それに対するAの応答はBの推測に同意を示すものであり、この状況でBがAの応答に対する受け入れを不可としているとする理由を見出すことは困難であろう。むしろ、ここで見られる聞き返し発話は受け入れが可であった場合に使用されるものであると考えると、このような場合に有標の聞き返しが使用されないこととも整合する。また(60)では0197Aにおいて今度は逆にAがBの発話に対し聞き返しているが、Aが聞き返しているBの発話である0196B「あたしは一緒」に関し、Aが受け入れない理由を見出すことは、この場合やはり困難であると同時に、このような場合に有標の聞き返しを使用することは不自然となると思われる。このように類似した状況で生じる聞き返し発話において、異なる個人に同形式の聞き返し発話が見られることも無標の聞き返しの使用条件として受け入れが可であった場合に使用されることを示していると考えられる。以上、命題の受け入れ判断を問題にしている聞き返し発話の具体例について述べてきた。この段階では相手発話の命題が復元されている点でその前段階である命題が復元できていない（確定できない）ために行う聞き返し発話とは区別される。

　では命題が復元できていない（確定できない）際に用いられる聞き返し発話の音声的特徴は見出せないのだろうか。そこで母語話者が問題処理を目的とした聞き返しを行う場合として(61)を見ると、Bによる話題提示の開始から0430Aにおいて聞き返し発話「文字？」が生じるまでの件で、0429B「ことばことばじゃないそのげん言語なんつうの？文字」とあるように、話題のキーワードの心内探索とその発見および提示が行われていることが観察される。

(61) 0425B　ニュースニュースっていうか携帯のニュースで見てたら：
　　　0426A　うん
　　　0427B　インドじゃないやなんかどっかそっちの方東南アジアで：
　　　0428A　うん
　　　0429B　ことばことばじゃないそのげん言語なんつうの？文字
→　 0430A　文字？
　　　0431B　文字をもたない（.）民族が
　　　0432A　へ：
　　　0433B　ハングルを採用しましたみたいなｈｈｈ
　　　0434A　えなんで簡単だからかな

　ここでAにはBに自分が持ち出した話題のキーワードが一時的に提示できないという話題展開を主導する上での問題が生じていることが観察可能になるが、この際にもしAがBによる話題の主導に協力的であるなら、AはただBによる自力で心内探索を終える証拠として提示される話題のキーワード（「文字」）が何であるか確定できればよい。このことから0430Aにおいて生じる聞き返し発話「文字？」は純粋に相手発話の命題を確定するために行っている確認要求の聞き返し発話であると見なし得るが、その際における音声的な実現は無標の聞き返し発話に近い特徴を持って実現されている。すなわち上昇はするものの、局所的な急激さや緩やかさといった特質は見られない。その理由としては、少なくともここでは命題の確定自体が問題なのであって、それに対する受け入れの可否といった判断を行いようがないことからも、急激あるいは緩やかといった有標の聞き返し発話が持つ音声的特徴が生じる必要がないことによると考えられる。つまり急激や緩やかといった発話末イントネーションにおける有標の上昇調は、より高次の発話処理を行う際に生じる音相であって、発話処理段階において初期段階にあたる相手発話の復元にかかわる段階には生じない。「問題処理の方策」としての聞き返し発話では、その代わりに音声的に無標の上昇調が生じることとなる。

　なお、森山（2004）は引き伸ばしの音調について意味と形式の相関に着目し、「情動や情報処理などの時間的プロセスのやきつけ」と引き伸ばし形式との関連を考察している。例えば、「あ、おや、あれ、え、」などといった「外的状況の変化や情報との遭遇に対する言語主体の反応を表すタイプのもの」について、「不

明情報の存在とそれへの探索を表すもの」とし、それぞれ「あー、おやー、あれー、えー」のように「引き延ばしをとることで、そうした認識過程に実時間的な処理が行われていることが表されている」という。また森山 (2004) は今後の課題として、引き延ばしの有無による違いに加え、引き延ばし部分でのイントネーションの操作について検討する必要があることを述べている。こういった操作の方法においては、例えば「え」が引き延ばされて「えー」になる際に急激に上昇する「↑えー?」になるのか、緩やかに上昇しいわば「え〜?」のようになるのかということも含まれよう。このような表現形式に見られる音声操作上の特徴は一つ一つの発話だけでなく、一人の話者によるターン内の発話全体に及ぶ場合があることが本研究において見られた。そうした場合には、聞き返し発話においてその聞き返し発話を行っている話者が相手発話に対し、どのような心内処理状況にあるかを知る手がかりとなり得る。

　ここまで命題の受け入れを問題にしている聞き返し発話に関し、異なる音声的特徴を持って実現される種々のパラ言語情報の相違を聞き返し発話の発話者が相手発話の命題の受け入れ判断を下す際に持っている確信の強さが反映されたものとして捉え、分析・記述してきた。それらの位置づけをまとめて示したものが下記の図 4.6 である。

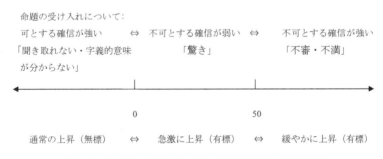

図 4.6　聞き返し発話におけるパラ言語情報の位置づけ

　上記図 4.6 において、0 から右方向は相手発話の命題に対する受け入れを不可と判断する際に持つ確信の強さを示し、左方向は受け入れを可とする確信の強さを示す。そして受け入れを不可とする確信が 0 に近づくにつれ、聞き返し発話は急激に上昇するという音声的特徴を持つこととなり、逆に受け入れを不可

とする確信が強くなるにつれ、緩やかに上昇するという音声的特徴を持つこととなる。一方相手発話の命題に対し受け入れを可とする確信が強くなると、その際の聞き返し発話は無標である通常の上昇として実現する。こうしたことから聞き返し発話におけるパラ言語情報として「驚き」と「不審・不満」は、相手発話の命題の受け入れ判断を下す際に持っている確信の強さにおいて連続するものとして相互に位置づけることができる。またそれらとはベクトルが逆となる確信であるため位置づけとしては対称的となるが、同様に連続したものとして無標の「聞き取れない・字義的意味が分からない」も位置づけられる[58]。なお、本研究では無標の上昇に対しても、パラ言語情報としての意味があるとする立場に立っているが、このような見方は川上(1956)において文頭のイントネーションが多様な姿で実現することを述べた際に取り入れられている。川上(1956)は「生き生きとした、自由な感情に彩られた発話にあっては」(川上，1956，p. 24)「いわゆるアクセントの型の"姿"では律しきれない種々な形の音調が現われ得る」(川上，1956，p. 24)とし、例えば、トンデモナイという発話について、下記表4.1に示すように声の上昇箇所の位置という観点から整理している。

表4.1 トンデモナイに見られる上昇の型（川上，1956, p. 24）[59]

並上り型	ト「ンデモナ'イ
早上り型	「トンデモナ'イ
遅上り型	トン「デモナ'イ、トンデ「モナ'イ、トンデモ「ナ'イ

　その上で、従来、アクセントの型の一つの特徴とされた第一モーラ直後の上昇は、文音調の一つの型である並上り型の現われであり、「単語に本来備わった音調ではなく、その語が文の最初の成分としての資格に於いて与えられた音調である」と述べる。そして、「第一モーラから第二モーラへの上昇は、アクセントの観点からは全く無意味」だが、「文頭の音調としては弁別的特徴であると見られる」とする。この際、並上りの上昇であっても、「自分は『並上り型』とし

---

[58] 聞き返し発話に関するパラ言語情報の相互の位置づけは、「聞き取れない・字義的意味が分からない」や「驚き」や「不審・不満」がパラ言語情報として記号化されていることを示すものではない。

[59] ここでは記号「は音声の上昇、記号'は音声の下降を示す。

ての意味—即ち、その発話が平静な感情のもとに行われたのだ、という意味を持ち、これとはそれぞれ異なった意味—驚嘆興奮などの意味を持つ『遅上り型』及び『早上り方』と組になって一つの均整のとれた体系をなしている」(川上, 1956, p. 24) と述べられている。なお、上記発話において上昇が遅れる理由に関して川上は、「茫然自失、不審、当惑、遠慮、驚異、驚嘆のあまり気力が失せ、声を上昇させるという努力を早いうちに済ませてしまうことが困難である」(川上, 1956, p. 22) ことによるとし、また遅れの程度は表示する意味の強さに比例すると捉えている。一方、上昇が早くなることに関しては、先の「茫然自失, 不審、当惑、遠慮、驚異、驚嘆のあまり気力が失せ」(川上, 1956, p. 22) ることとは異なり、「頓狂な驚き方であって、ただ驚いたと云うよりも寧ろびっくりした、仰天した、そして、これは何とか手を打たねば!とあわてふためく、といった感じである」(川上, 1956, p. 23) としている。これら川上による見解は、異なる上昇調の実現に関して表示されている感情が異なることを述べたものであるが、感情の違いに対する記述がやや曖昧である。直感的には気力が失せる驚きや慌てふためく驚きがあることには同意できるものの、それら川上が述べる意味的相違と発話の表面的な実現の仕方において上昇調が早くなることと遅くなることという違いがどのようにかかわり、またそのようにかかわるのはなぜか、ということについてあまり説明されていない。この点に関し、パラ言語情報の相違は異なる音声的特徴を持って実現される聞き返し発話においても共通して見られる性質の一つであるが、本研究では聞き返し発話の発話者が相手発話の命題の受け入れ判断を下す際に持っている確信の強さが音声に反映されたものとして捉えることにより種々のパラ言語情報の相違が説明できることを示した。

4.2.4 「面白がり」

ここまで命題の受け入れ判断を問題にしている聞き返し発話の具体例を述べてきた。本研究において命題の受け入れ判断を問題にしていると述べる内容に関し、再度確認しておくと、相手発話の命題をそのまま受け入れるかどうか(共有の可否)に対する判断にかかわるものとかかわらないものに分けたとき、命題をそのまま受け入れるかどうか(共有の可否)に対する判断にかかわるものを指す。

しかしながら我々が会話をする際のことを考えると、命題をそのまま受け入れるかどうか(共有の可否)に対する判断のみに常に注意を向けているわけで

92

はない。以下（62）のように、普段の会話には会話参加者の一方が相手の発話を受け入れるか否かにかかわらず（それは横に置いておいて）、相手発話そのものに対して面白がっているような場合がある。

(62) 1338B　火バサミ（.）火バサミってあるじゃない
　　 1339A　ｈｈｈｈ火バサミね
　　 1340B　火バサミの
　　 1341A　うん
　　 1342B　かたっぽのハサミの方に
　　 1343A　うん
　　 1344B　<u>ボックス</u>がついてんのよね
　→ 1345A　ｈｈｈｈｈ<u>ボックス</u>がついてんの？
　　 1346B　うん
　　 1347A　うん
　　 1348B　だから拾ったものすぐ（.）ボックスに
　　 1349A　ボックスにｈｈｈｈ
　　 1350B　入れれるっていう
　　 1351A　あ：そうそれ何どんなものでも拾えんの？それは

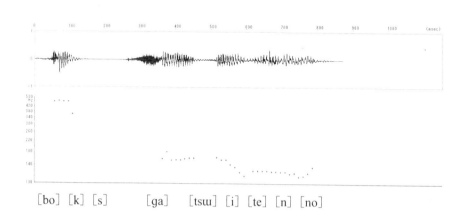

図 4.7 「面白がり」のピッチ変動

(62)の会話参加者の間には、Aの唐突な質問に対し、Bがどう応じるかという役割関係が共有されており、両者はある種の制限を課したやりとりを楽しんでいる。このようなやりとり中でAはBに最近何か面白い発明をしたことに関する説明を唐突に求め、Bがそれに応じている。Bは自分が言う火バサミが特殊であることを1344B「ボックスがついてんのよね」と説明する際、「ボ」に力みを加えて際立たせている。それに対し、Aは1345A「ｈｈｈｈｈボックスがついてんの？」と笑いながらBによる際立たせを模倣し、聞き返している。このAによる聞き返し発話の発話末の上昇調を示したものが図4.7である。図4.7のように、相手発話そのものに対して面白がっている場合、前述の「驚き」に見られた、発話最終拍での急激な上昇や、「不審・不満」における、発話最終拍での母音が伸びた緩やかな上昇といった特徴は見られず、上昇調に限っては、(53)「聞き取れない・字義的意味が分からない」の例に現れる無標の上昇調に近い形態をとっている。しかし (62) からは、聞き返し発話に伴い、笑いや模倣が直前の発話における、特定の語彙選択、その音声的際立たせによって引き出されていることが分かる。第一発話部が特定の第二発話部を要求することは隣接ペアが持つ特徴であるが、(62) では、一方の発話に生じる際立たせに対する他方の面白がりとして隣接ペアの第二発話部を形成している[60]。仮にBによる際立たせに対してAが上記のような聞き返しをせず、「どのように使う？」といった発話をした場合には、Bが行った際立たせがAにどのように受け取られたかが顕在化しないために、Bが意図的に行った操作に対するねらいとしたフィードバックが実現しないことになる。このような場合に生じる聞き返し発話は、笑いを伴うことから命題の復元自体は完了している状態であり、この点において相手発話の命題の受け入れ判断にかかわる「驚き」や「不審・不満」と共通するものの、相手とともに表示の仕方の珍奇さを面白がり、楽しむことに主眼がある点において、自分のデータベースとのかかわりで発話の命題を受け入れるかどうかを処理していることとは異なる処理であると言える。
　時に会話において上記のような対が生じることがあるが、こうした対が生じる仕組みを明らかにするには、会話に関し、そこで何が話されているかという

---

[60] 水川（1993）において笑いは、隣接ペアの観点から、冗談を主な第一部分とする第二部分とされており、第二部分は第一部分が分かったという証拠となるため、冗談の後に続く笑いはおかしさを表出すると同時に前の発話が冗談であると分かったということを示すと述べられている。

ことだけでなく、何のために会話しているかを考えてみなければならない。大津（2004）が「親しい友人同士が雑談するとき、その目的は相手との親しい関係を維持し、さらに親しいものに発展させるということであろう」（大津, 2004, p. 44）と述べているように、会話は互いの人間関係を確認し合う契機としての側面を持っている。Brown and Levinson（1987）など従来の研究でも、「冗談で何かを言うこと」が親しい関係作りのストラテジーの一つであると指摘されている。ただし、参加者の一方が何を言うにせよ、それが互いの認識の共有に結び付けられなければ当然のことながら親しみを込めた表示も無効となり、親密な関係は築けない。会話参加者は情報をやり取りする一方で、微細な合図のやり取りについても共同的にこなし、親しさの確かめ合いを積み重ねながら親密な関係を更新していると考えることができる。大津（2004）では聞き返し発話に関し、会話参加者が遊びとしての対立を開始するための一手として用いられることがあげられているが、本節で見てきたように、聞き返し発話は会話参加者の一方によって開始された面白がりの誘いに他方が乗ることを示す場合にも使用されている。なお、大津（2004）であげられている、聞き返し発話が会話参加者が遊びとしての対立を開始するための一手として用いられる場合については、手元のデータでも以下のような例が見られる。以下（63）では0385A「羊？ｈｈｈｈ」という聞き返し発話が見られるが、この聞き返し発話は遊びとしての対立を開始するために用いられており、「血筋」を聞き間違えたことを相手に確認してもらおうとした、あるいは相手の言い間違いを指摘しようとして行われたものではない。

(63) 0381A　治せんのかな：そういうのって
　　　0382B　分かんない治せんのかな゜分かんない知らない゜聞いたことない治療
　　　0383A　あんまり身近にいなかったからさ：
　　　0384B　うん゜色盲はあんまりいない゜でもなんかさ世界史でさ：あちが生物かな：あ生物かな：なんかで（.）イギリス王朝どっかの王朝の：血筋が：
→　　0385A　羊？ｈｈｈｈ
　　　0386B　血筋ｈｈｈｈなんでつっこんだ？
　　　0387A　ｈｈｈｈごめんつっこみたくなった：ｈｈ

その理由は（63）で掲載している以前の部分において、両者とも童話「七匹の子山羊」が山羊と羊のどちらだったかが思い出せず互いに笑い合っており、そのことが（63）において0385A「羊？ｈｈｈｈ」と聞き返し発話が生じていることに関連しているからである。つまり（63）では聞き返し発話に笑いが伴っていること、および0387A「ｈｈｈｈごめん<u>つっこみたくなった</u>：ｈｈ」が続いていることからも分かるように、AはBが羊とは言っていないことが分かっており、本来必要がないにもかかわらずあえて聞き返すことによりBから遊びとしての対立を引き出している。ただ当事者はこの聞き返し発話に対し、ツッコミと評しているが、むしろこの場合はAのボケのように思われる。しかし、いわゆる「ボケとツッコミ」という場合のそれではなく、むしろ、ツッコミの体裁をとってはいるが、新しいボケ方であると思われる。いずれにせよ、Aは聞き返し発話の直後に笑いを開始し、一方Bも自分が言ったのは血筋であると対立を示した後で笑っていることからも、ここで両者の間で生じている対立は遊びであって本当の意味での対立ではないことが参加者相互に顕在化している[61]。なおこの場合も仮にBがAによる聞き返し発話に対して笑いを伴わず、単に確認を与えるだけの表示を行った際はAにとって意図的に行った操作に対するねらいとしたフィードバックが実現しないため、いわゆる「スベル」こととなる。

　本節では聞き返し発話が一方の発話に生じる際立たせに対する他方の面白がりの表示として、際立たせ・面白がりという隣接ペアの第二発話部を形成していることを見た。時に会話では、聞き返し発話がこのようなやり取りを共同的にこなすための不可欠な部分として、親密な関係の更新に役立っている。

4.2.5 「進行の催促」

　発話者の語りの最中になされる解釈者の発話には、発話者による語りの継続を催促するものがある。そのことで発話者は解釈者の反応をそのつどモニターすることができ、より生産的なコミュニケーションの実現を目指すことが可能になる。

---

[61] 大津（2006）は対立について「会話参加者が互いに相反する意見、目的などを持ち、相手の発話、行動、相手自体に対して反対する状況を『対立』と定義する」（大津，2006, p. 77）としている。

(64) 0061A　えでも〇〇のうちは酷かったけどねそれなりに
　　　0062B　同人誌とか置いてなかった
　　　0063A　いやいっぱいあったいっぱいあった
　　　0064B　あ普通に置いてあるんだ
　　　0065A　うん
　　　0066B　あたしならいいと思ってるんじゃない
　　　0067A　あ：あ：
　　　0068B　あたしもいいと思ってて
　　　0069A　あ：そういいと思ってるでしょ明らかに
　　　0070B　もうね：（…）なんかコミケ？
　　　0071A　＞はいはいはいはい＜
　　　0072B　夏の祭典みたいな
　　　0073A　はいはいはい
　　　0074B　コンビニめっちゃ貼ってあるよねなんかあれポスター
　　　0075A　あっそすごかったなん：こんくらい？超厚い（.）もの？
　　　0076B　うん
　　　0077A　6本の1冊なんだろう本物の6本？
　　　0078B　はいはい（…）
　　　0079A　の1冊分ぐらいのカタログだった
　　　0080B　h何？入ったのあの：キャラの：（.）（.）あ違うか
　　　0081A　うん買いに行った
　　　0082B　同人誌
　　　0083A　買いに行って
→　0084B　買いに行って？
　　　0085A　であ：その中に書いてあんのは：なんかサークルさん？

　上記（64）における聞き返し発話0084B「買いに行って？」に対する応答0085Aを見ると、聞き返し発話が向けられている直前の発話に関する確認や説明を与えるようなものとなっていない。また、0085AにおいてAは「であ：その中に書いてあんのは：なんかサークルさん？」と発話しており、発話の最初に接続詞「で」が見られることからもAにとってBが行った聞き返し発話が確認や説明を求めるといった問題処理を目的としているものとして扱われて

いないことが観察可能である。また、次のように考えることもできる。0081A で述べられた発話「うん買いに行った」に対し、0082B による発話「同人誌」は 0081A で省略されている部分を補足していることから、この時点までBはAが主導する話題の展開に問題なくついて行っていることが分かる。その後、0083A において A は「買いに行って」と発話したことに対し、B は 0084B において「買いに行って？」と聞き返すわけであるが、ここで見られる聞き返し発話がもし確認や説明要求であるとした場合、その直前までにBはAが主導する話題の展開に問題なくついて行っていたことと矛盾してしまう。むしろここに見られる聞き返し発話は直前の発話自体が問題となっているというより、聞き返し発話を行うことで「それで？」のように、相手に次の発話を述べることを求めたと見なし得る。またそのように考えることで聞き返し発話に対する応答として、A が発話の最初に接続詞「で」と述べていることを上手く説明できる。このように聞き返し発話は語りを先に進める働きかけとして使用される場合がある。この場合、上昇調については、前述の「驚き」に見られた、発話最終拍での急激な上昇や、「不審・不満」における、発話最終拍での母音が伸びた緩やかな上昇といった特徴は見られず、「聞き取れない・字義的意味が分からない」に現れる無標の上昇調に近い形態をとる。このような聞き返し発話において、聞き返しの対象となっているのは相手の発話であるが、聞き返し発話によって表示されている疑問の焦点はその発話（聞き返し発話の対象となっている相手の発話）ではなく、その後の相手の発話である。この点で命題が復元できないことによる問題処理を目的として行う聞き返し発話や前述した復元された命題に対する受け入れ判断を問題にする聞き返し発話とは異なっている。また、この意味において相手の語りの最中になされる聞き返し発話による「進行の催促」は、下降調で発話される相手発話の繰り返しとも区別することができる。すなわち、聞き返し発話は、志向性が相手から差し出された発話に留まるというより、その先により重点が置かれるのに対し、相手発話の繰り返しは、差し出された発話の先に対する志向性が比較的弱い。「進行の催促」となる聞き返し発話は、それまでに述べられたことを受けての継続の支持のような、単に理解したことを示す相づちではない。

　串田（2005）は、発話者が行う語りの最中に解釈者側が行う発話として、「①何らかの仕方で受け取る（知識を得たことを主張する、感想を述べる、コメントするなど）発話」や「②受け取るうえでの問題を解決しようとする（言葉の

意味を尋ねる、自分の理解を確かめる、補足説明を求めるなど）発話」の他、「③語りを先に進めるよう働きかける発話」をあげている（串田，2009, p. 13）。これら解釈者側が行う発話のうち「③語りを先に進めるよう働きかける発話」の一つとして、串田（2009）は「で？」を取り上げており、「で？」が「語りの途上で生じた脇道連鎖の終わりうる地点が訪れたあと」（串田，2009, p. 16）、「語りが形式上、終わりうる地点に至ったものの、予示・予告された語りの構造に照らすとまだ何かが語られずに残されていると見なしうる位置」（串田，2009, p. 17）において解釈者に使用された場合に限り、「語り」の継続催促を実現する発話の一つとなると述べている[62,63,64]。また森山（1997）は「で？」の他、上昇イントネーションで使える接続詞として、「たとえば？」「というと？」「というのは？」「だから？」「つまり？」などをあげ、「いずれも、次への関係づけを解釈者が割り込んで指定することができるもの」（森山, 1997, p. 86）としてまとめ、「次にどのような展開があるのかを聞く疑問の一語文として機能すると言える」（森山，1997, p. 87）としている。これらの言及に見られるように「発話理解のために聞き手（解釈者（引用者加筆））にできることは個体内情報処理だけでなく、発話を含む観察可能なふるまいを通じて話し手（発話者（引用者加筆））に働きかけることでもある」（串田，2009, p. 12）ため、聞き手（解釈者（引用者加筆））は話し手（発話者（引用者加筆））による語りにおいて、「その途上でもさまざまな言語的・非言語的反応を通じて、発話の軌跡そのものに影響を及ぼす」（串田，2009, p. 12）。つまり語りは「たんに語り手の発話計画の一方的な実現ではなく、聴き手（解釈者（引用者加筆））の言語的・非言語的ふるまいに示された知識・理解・興味などのあり方を語り手がモニターすることで相互行為的に形作られていく」という側面を持っている。

　ただ解釈者が継続催促を実現する方法のうち、上記の串田（2009）や森山（1997）で述べられている接続詞を使用する方法は、相手に語りの継続を断念させてしまうことにもなり得るのではないだろうか。「だから？」や「それで？」などは、継続を催促しているものの、一方で催促される側に、催促している側がそれま

---

62 「「期待はずれの」結末候補とよびうる位置」（串田，2009, p. 17）とされる。
63 串田（2009）によると、「聴き手による継続標識「で」の使用は限られており、手元のデータでは二種類の位置しか観察されない」（串田，2009, p. 16）とある。
64 「で？」について串田（2009）は「それで」「そんで」「ほんで」「ほいで」などを代表させるものとしている。

でに語られた内容に有意義なものが見出せなかったことを推論させてしまうことになるからである。それゆえ相手側が話したくて仕方がない場合には却って相手の意欲を煽ることになり都合がよいこともあるが、語りを引き出さなければならないような際（研究上のためにインタビューを行うなど）には使いにくい表現となると思われる。その点、聞き返し発話によって継続を催促する方法は、接続詞同様、継続を催促する方法の一つではあるものの、その性質が異なる。相手発話の聞き返しによって継続を催促する場合は、(64)に示すように、上記接続詞を使用する方法によって生じる推論を催促される側にさせることはない。また、後の発話について、「次への関係づけを聞き手（解釈者（引用者加筆））が割り込んで指定する」（森山，1997, p. 86）わけでもないため、どのような発話を行うかについては、発話者の裁量に任されることとなる。したがって、聞き返し発話によって継続を催促する方法は、接続詞同様、継続を催促する方法の一つではあるもののその性質が異なる。

4.2.6 「時間稼ぎ」

以下に示す (65)、(66) に見られるように、相手発話に関連した内容の検討を要する場合、検討のための時間を作り出す必要がある。そのような際に、相手発話に関する内容の検討を行っていることを示すために行う聞き返し発話がある。このような聞き返し発話が生じる際にはしばしば(65)に見られるように、「え：っとね：」や「そうだね：」といった言い淀みや、同様の発話の繰り返しが見られる。このような検討中の表示がある場合、それを助け舟を求める合図と見なして相手側がターンを取ることもあるが、(65)のように、相手側がターンを取らなければ、必然的に検討中であった話者により検討後の表示（ここでは0162Aの「何もお届けできないかな：」）が示される。

(65) 0161B　最近明るい話題か：なんかありますか最近明るい話題って
　→　0162A　明るい話題？（.）明るい話題ね：そうだね：明るい話題（.）（.）
　　　　　　え：っとね：（.）（.）明るい話題？hそうだね：何もお届けできないかな：
　　　0163B　hhhそうか
　　　0164A　うん：
　　　0165B　俺も特に最近ないんですよ明るい話題（.）は

ただし、相手発話に関する内容の検討を行っていることを示す聞き返し発話は、単独で使用される場合は、相手発話そのものについて検討する、相手発話の命題が復元できないことによる問題処理を目的として行う聞き返し発話と、表面的には区別することができない。また、聞き返し発話のイントネーションについては、4.2.3 の「図 4.6 聞き返し発話におけるパラ言語情報の位置づけ」(p. 89) に示す無標の上昇調とほぼ変わらない場合と、有標の上昇調である緩やかに伸びる場合との両者が観察される。有標の上昇調については、前述の「え:っとね:」や「そうだね:」といった言い淀みや同様の発話の繰り返しといった検討中の表示と共起する傾向がある[65]。

(66) では、B が最近考えたという新しいテーマパークについて、その所在を A が問うている。それに対して、B は一旦、鹿児島と言いかけ、A がそれを先取りし聞き返している。しかし B はそれを撤回し、香川と言い換えたため、A は 1053A「香川?」と相手発話の命題が復元できないことによる問題処理を目的として行う聞き返し発話(確認)を行っている。それに対し B は 1054B「うん」と確認を与えている。この時点で A には、命題の復元の問題は処理されたはずである。しかし、さらに 1055A「香川?」と A がきょとんとした口調で「香川」に関する内容を検討している聞き返しを行ったため、そこで B はそれが発話の命題が復元できないことによる問題処理を目的として行う聞き返し発話と区別できず、再度確認を与えたと見なし得る。しかし、ここで A が目下行っていることは、「香川」に関する内容を検討することであって、命題の復元の問題を処理することではないため、A が検討中を表示している。なお、先に述べたように、(66) では 1058B「四国になんか」とあるように、最終的には B が A による検討中の聞き返しに対し、ターンを取ることとなっている。

(66) 1049A　どこにある？(.)
　　　1050B　う：ん：どこにあるかな：(.)(.) 鹿児し
　　　1051A　ｈｈｈ鹿児島？
　　　1052B　香川
　　　1053A　香川？
　　　1054B　うん

65　共起傾向に関する記述は、定量的分析に基づくものではない。

→ 1055A　香川？
　1056B　香川
→ 1057A　香川？
　1058B　四国になんか
　1059A　は：
　1060B　そうそう―大
　1061A　テーマパークを？
　1062B　そう
　1062A　興したかった（.）あ：なるほどね（.）香川

　以上、事例をもとに、会話参加者が相手の発話が聞き取れなかったり、聞き取れはしたものの、その発話の意味が分からなかった場合に使用される聞き返し発話以外に、どのような聞き返し発話が会話に見られるかについて述べてきた。本研究で指摘した点は、命題の受け入れ判断にかかわる聞き返し発話および命題の受け入れ判断にかかわらない（かつ命題の復元にもかかわらない）聞き返し発話の存在についてである。両者とも特定の意味・機能として作用するには、会話参加者双方に共同により実現される相互行為として聞き返し発話の扱いが経験的に共有されていることを前提とし、そうした知識を持たない学習者が聞き返し発話の受け手として適切な推論を行い応答することに困難が生じると予想される。

4.3　予測的推論処理を引き起こす契機

　ここまで見てきたように、聞き返し発話の解釈者は様々な意味・機能で聞き返し発話を解釈している。では、その解釈とはどのようにして実現しているのだろうか。3.3.6で述べた通り、発話者が表示し、解釈者が解釈の手がかりとする様々な合図（contextualization cues）が存在することが先行研究で指摘されているが、聞き返し発話を解釈する上でも解釈の手がかりとなる外見上顕著な特徴がいくつか観察される。目立って観察された手がかりは、発話(末)イントネーションの形状、感動詞の共起とその音調、笑い、模倣、検討中の表示（「え：っとね：」や「そうだね：」といった言い淀み、同様の発話の繰り返しなど）の五つであった。いずれも聞き返し発話と共起した際に解釈者に特定の解釈および返報行動を成立させていることが認められるものである。それらに関してま

とめたものを下記表 4.2 に示す。

表 4.2 聞き返し発話を解釈する手がかりとなる外見上の特徴

	発話（末）の上昇調	感動詞	笑い	模倣	検討中
聞き取れない	無標	✓			
驚き	有標（急激）	✓	✓		
不審・不満	有標（緩やか）	✓	✓		
発話の面白がり	無標	✓	✓	✓	
進行の催促	無標	✓			
時間稼ぎ	無標・有標（緩やか）[66]	✓	✓		✓

　そして、会話において発話は線状的に展開されており、3.4.3 でも述べたように、実際には、常に解釈すべき発話が決定されている状態（既出状態）にあるのではなく、未決定の状態（未出状態）も存在する。よって、解釈者からすると、上記の合図は、既出の聞き返し発話を遡及的に規定する post-inference を引き出すものと、これから導入される聞き返し発話を投射的に規定する pre-inference を引き出すものとに二分されることが分かる。発話（末）イントネーションの形状や模倣は、解釈者にとって現れた聞き返し発話を遡及的に規定する合図である。いずれの契機も解釈者は受け取る上で聞き返し発話自体と切り離すことができない。これに対し、感動詞の共起とその音調や笑い、検討中の表示は、契機として遡及的に働くわけではなく、導入される聞き返し発話の投射的規定に関与するものである。これらは、聞き返し発話が現れるより前に出現し得る合図であるため解釈者が受け取る上で聞き返し発話自体と切り離して受け取ることができる。このことは、異国の初めて口にする料理のおいしさやまずさを決めるのに似ている。料理のおいしさやまずさを規定している味や見た目、匂いや食感において、味や食感というのは、口に入れてみないと分からず、料理のおいしさやまずさを遡及的に規定する。これに対し、見た目や匂いというのは、口に入れなくても分かることから、料理のおいしさやまずさを投射的に規定する。すなわち、聞き返し発話の解釈にあたっては、契機の性質上、遡及的規定と投射的規定という二つのアプローチがなされており、どちらかの処理のみで

66　有標と無標の両者が観察される。有標の上昇調は、検討中の表示と共起する傾向がある。ただし、この共起傾向とは、定量的分析に基づくものではない。

はスムーズな解釈に支障をきたす可能性があることを意味している。先行研究において大津（2004）には、「遊び」としての対立の合図となるものに、発話の繰り返し、韻律の操作、感動詞の使用、スタイル・シフト、笑いがあることが述べられている。ただ、それらの合図に関し、解釈者内で投射的に規定する pre-inference に対する関与の視点は希薄であった。しかし合図の出現位置という観点から考慮すると、合図の全てが常に言語行動の遡及的規定として働いているわけではなく、解釈者内で投射的に規定する pre-inference に関与するからこそ、当の言語行動が何であるかという推論が円滑になされると捉えるべきである。

では、聞き返し発話に対し解釈者内で投射的に規定する pre-inference とは、上記契機がどのように関与することによって実現しているのであろうか。次章では解釈者内で投射的に規定する pre-inference に関与する契機のうち、感動詞に焦点を当て、投射的に規定する pre-inference においてどのように関与するのかを詳述する。すなわち、3.4.1 であげた「課題Ⅱ．聞き返し発話に対し予測的に行われる語用論的推論において、言語的刺激とパラ言語的刺激とはどのようにかかわるのか」に対する解答を導く。

解釈者内で投射的に規定する pre-inference に関与している契機として述べた笑いや検討中の表示について取り上げない理由は、両者とも聞き返し発話が現れる後にも出現するからである。感動詞にはそのような二面性はなく、解釈者内で投射的に規定する pre-inference に関与している契機として最も本質的なものと言える。こうした感動詞が持つ性質については、ほぼ同じ旨を述べている記述が日本語学の分野の山田（1936）と佐久間（1995）において見られる。

山田（1936）は、「吾人が副詞といへるはただその語をかりていへるのみにして、従来の文法家の副詞とは範囲を異にするものなるのみにあらず、その性質も意義も異なりとす。」（山田，1936, p. 368）とした上で、「先行の副詞は又これをある文句に先行するものと、ある語に先行するものとの二つに分つことを得べし。」と述べ、以下のような例をあげている[67]。

(67) いな、これは余が所有なり。
(68) うべ、かくや姫のこのもしがりたまふにこそありけれ。
(69) あはれ、おもしろき月夜かな。

67　山田（1936）の例に通し番号は付与されていない。

(山田, 1936, p. 369, 下線は著者による)

　上記に対し、山田は「<u>次にくる文句の全貌の意義を導くものにして、これらはその文句の思想を概括してその要を予め示して、いはば次に来るべき文句全貌の縮図たるなり</u>。これらは應答諾否の語と感動をあらはす語との二種を含む。今これを假に名づけて感動の副詞といふ。」(山田, 1936, p. 370, 下線は引用者)と述べている。また「感動副詞は感動したる時の氣持又は誘ひ、呼掛等意志の<u>發表の前提をあらはすもの</u>にして、文句の組立の上には形式上の拘束のなきものなり。」(山田, 1936, p. 391, 下線は引用者)との記述も見られる。これに対し、佐久間 (1995) は「分節して主語・述語などの成分を具へてゐる文の前に来て、その表現へのいはゞ舞臺なり背景なりを形づくるやうな役割をする場合も少なくありません。この場合、普通にいはれる文（具節的な構文）から見ると、感動詞はその主―述のやうな成分の中に入れることが出来ないもので、それ以外に別に立つてゐるものにちがひありませんから、「獨立語」の立場をとつてゐると見るのは當然でせう。」(佐久間, 1995, p. 198) とし、上記山田 (1936) が感動詞を副詞として見なす点に対する批判を述べつつも、「**しかし、先行の感動詞と、次に來る具節的な文との間に**<u>全然交渉がないといふのではなくて、前に述べたやうな關係、いはゞ誘導の關係がある點に着眼すれば、これをその相屬の面について捉へて、後に來る文と相俟つて一體を成すと見、獨立語とするよりもむしろ誘導語とする方が適切でせう。</u>」(佐久間, 1995, p. 198, 太字は著者による、下線は引用者によるもの) と述べ、品詞として新たに「誘導語」(又は「誘導部」) を立てることを提案している。以下、佐久間 (1995) による例を示す[68]。

(70) <u>やあ</u>、何だかたくさんかたまつてゐるよ。
(71) <u>オイ</u>、少し静かにしてくれよ、氣が散つていけねえ。
(72) <u>さあ</u>、はやくしないと、晩の急行に間にあはないよ。
　　　　　(佐久間, 1995, pp. 198-199, 下線、カタカナともに著者による)

　上記において山田と佐久間の両者が感動詞を単なる感情の発露としてでなく、後続発話との関連から解釈過程への関与を捉えている点は、認知語用論的アプ

68　佐久間 (1995) の例に通し番号は付与されていない。

ローチによる手続き的意味の分析に通じるものがある[69]。以下の考察においては、感動詞を中心とする予測的推論処理の内実についてさらに掘り下げ論じることとする。

4.4　第4章のまとめ

　第4章では、「課題Ⅰ．実際にどのような聞き返し発話があるのか、そして、それら聞き返し発話に対し予測的に行われる語用論的推論とは、どのような刺激が契機となり引き起こすのか」について、日本人の友人同士二者間による雑談の録音データをもとに、相互行為分析の手法により検討した。その結果、聞き返し発話は、聞き返し発話が発される発話処理段階に応じ、従来の「聞き取れない・字義的意味が分からない」の他、「驚き」、「不審・不満」、「面白がり」、「時間稼ぎ」、「進行催促」といった多様な意味・機能を会話で帯びていることが明らかとなった。本研究で指摘した点は、命題の受け入れ判断にかかわる聞き返し発話（「驚き」、「不審・不満」）および命題の受け入れ判断にかかわらず、かつ命題の復元にもかかわらない聞き返し発話（「面白がり」、「時間稼ぎ」、「進行催促」）の存在についてである。いずれの聞き返し発話も、文脈に応じて特定の解釈を導く過程および導かれる特定の解釈に対する返報行動が会話参加者の双方に経験的に共有されていることが、相互行為として成立するための前提となっており、それに関する知識を持たない学習者が聞き返しの受け手として適切な推論を行い応答することに困難が生じ得ることを述べた。

　また、発される発話処理段階に応じて上記のように類型化される聞き返し発話を解釈者側の視点から捉えることにより、各聞き返し発話を解釈する上で手がかりとなる外見上顕著な特徴として、発話（末）イントネーションの形状、感動詞の共起とその音調、笑い、模倣、検討中の表示（「え：っとね：」や「そうだね：」といった言い淀み、同様の発話の繰り返しなど）の五つがあることを示した。これらの特徴は、既出の聞き返し発話を遡及的に規定する post-infer-

---

[69]　さらに佐久間（1995）にあっては、日本語の接続詞に関し、「そこで、後のつゞく文に先行して、それの誘導の役割をするところについて見ると、前述の感動詞の先行の場合と黙契するものがあるわけです。」（佐久間，1995, p. 199）というように、感動詞との共通点についても言及されており、両者の違いとして、「前述の感動詞の描き出す風景と異なるのは、**前文の趣を反映することによって舞臺を提供してゐる**ところにあるのでして、前文の述べるところの光景に順應し、あるいはそれに背反して事態が展開する所以を示す次第です。」（佐久間，1995, p. 199, 太字は著者による）と述べられている。

ence を引き出すものと、これから導入される聞き返し発話を投射的に規定する pre-inference を引き出すものとに二分される。post-inference は、それを引き出す発話（末）イントネーションの形状や発声の際立たせに対する模倣といった契機が、聞き返し発話と分離せず、解釈者が予め受け取ることが不可能であることから、現れた聞き返し発話を遡及的に規定する。一方、pre-inference は、それを引き出す感動詞の共起とその音調、笑い、検討中の表示といった契機が、聞き返し発話と分離し、解釈者が予め受け取ることが可能であることから、聞き返し発話を投射的に規定する。このことから本研究は、聞き返し発話の解釈にあたり契機の性質上、遡及的規定と投射的規定という二つのアプローチがなされており、どちらかの処理のみでは円滑な解釈に支障をきたす可能性があることを述べた。

　そして、上記の笑いや検討中の表示は、聞き返し発話が現れる後にも出現するのに対し、感動詞にはそうした二面性はなく、解釈者内で投射的に規定する pre-inference に関与している契機として最も本質的なものと言えることから、次章において感動詞を中心に予測的推論処理の内実をさらに掘り下げて考察することを述べた。

5. 予測的推論処理と感動詞

5.1 問題の所在：Wharton（2009）の問題点

　コミュニケーション上の解釈者は、言語的発話の意味表示を導く上で言語的刺激の他、非言語的刺激を証拠とする。3.1.5で述べたように、感動詞についてWharton（2009）は、発話者の感情・心理状態に関する意味表示を復元する手続きを活性化するとし、解釈者に復元される意味表示が活性化される特定の推論にかかわる想定でなければならないという意味においての制約を受けていることを指摘している。換言すれば、コミュニケーション上の解釈者にとって、非言語的刺激の中には言語的発話の意味表示を導く上で方向や手順といった過程上の処理を指定する証拠としての手続き的意味を持った情報として働くものがあるということである。しかし、上記のような手続き的意味の観点からの非言語的刺激の分析に全く問題がないわけではない。

　まず、Wharton（2009）による感動詞の分析は、感動詞があり、かつ後続発話がある（感動詞類が後続発話との関係を持つ）場合と、同状況で感動詞のみが発話される場合との間で、聞き手の意味表示はどのように異なるのかという検証がなされていない。したがって、手続き的意味による制約が本当に感動詞の記号化に含まれているのか、それとも他の推論メカニズムが関与しているのかという点で曖昧さが残る（Nishikawa, 2010）。

　次に、同一の感動詞が後続発話との関係を持つ場合と持たない場合とがいかなる条件で決定されるのかという点に関し、Wharton（2009）による説明はいささか不明瞭である。Wharton（2009）によると、下記（73）は（74）、（75）は（76）のような高次表意を導くために用いられているわけではないと述べられている。

(73) *Yuk!* This mouthwash is foul.（再掲（42））
　　「ぐぇ！このうがい薬はひどい味だ。」
(74) The speaker is disgusted that the mouthwash is foul.（再掲（43））
　　「発話者はうがい薬のひどい味に閉口している。」
(75) *Wow!* This ice cream is delicious.（再掲（44））
　　「まあ！このアイスクリームはおいしい。」
(76) The speaker is delight that the ice cream is delicious.（再掲（45））

「発話者はアイスクリームがおいしいことを喜んでいる。」

(Wharton, 2009, p. 87)

(73) や (75) において感動詞によって表される態度は後続命題に対するというより物理的対象（歯磨き粉やアイスクリーム）に向けられている（Wharton, 2009）と述べられている。そして以下 (77) のように、態度が向けられる後続の命題が存在しない場合もある。

(77) Child: (taking foul-tasting medicine) *Yuk!*（再掲 (46)）
「子供：（ひどい味の薬を飲みながら）おぇ！」

(Wharton, 2009, p. 87)

上記に見られるように同一の感動詞に関し、後続発話との関係を持つ場合と持たない場合とがいかなる条件で決定されるのであろうか。感動詞が後続発話の命題に対する態度を表さない場合について Wharton (2009) は、定性的・生理的反応（qualitative and physiological responses）と相互作用する認知的要素がないためと記述されている。しかしながら、(73) や (75) の場合に、聞き手において、なぜ定性的・生理的反応と相互作用する認知的要素がないことになるのか、つまり、なぜ感動詞が後続発話の命題に対する態度を表さないこととなるのかが説明されなければならないのであって、定性的・生理的反応と相互作用する認知的要素がないからということでは答えになっていないのではないだろうか。

そして、三つ目の問題点は Wharton (2009) が手続き的意味の観点を感動詞による意味表示の復元に適用するにあたって提示している、meanig$_{NN}$ と meanig$_{N}$ との間の連続的位置づけに関するものである[70]。この点に関し図示したものとして、次頁図 5.1 を再掲する。

70　Sperber and Wilson (1995) に同趣旨の言及が見られる。「基本段階の情報に対する強い直接の証拠が提供される「示すこと（showing）」から、証拠は全て間接的である「…と言うこと（saying that）」まで、意図明示の事例はひとつの連続体になっているということである。」(Sperber & Wilson, 1995, p. 53)

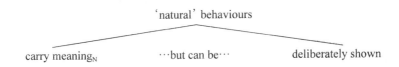

図 5.1　meaning$_{NN}$-meaning$_N$ の連続的関係（再掲図 3.3）(Wharton, 2009, p. 34)

　言語的発話だけが意図明示的と見なされるわけではなく、伝達者の視線や身振りからも伝達意図の証拠が提供され得る。それゆえ Wharton (2009) は、Grice が述べるように meanig$_{NN}$ か否かを解釈者が情報意図の証拠として参照するか否かから位置づけるよりも、当該の刺激が証拠として直接的か間接的かという間での相対性を持った程度の問題として扱うべき事柄であると主張する(Wharton, 2009)。つまり、meaning$_{NN}$ とは本来、Grice の 'deliberately and openly letting someone know' を含め、非言語的刺激と言語的刺激の双方にかかわる、意図明示的なコミュニケーション（overt intentional communication）一般の性質として特徴づけることが可能であるとしている (Wharton, 2009)。

　上記 Wharton の主張において Grice のように meaning$_{NN}$ のみを排他的に区別する線引きを設定しない点では本研究も Wharton の立場を支持する。ただ、非言語的刺激と言語的刺激の双方を意図明示的なコミュニケーション（overt intentional communication）一般の性質として位置づけるにあたって Wharton (2009) が述べる以下の内容において、「ある者が誰かに何かしらについて意図的に明らかに知らせようとし、実際に、そうしているということを一体聞き手はいかにして知るのか」という点が不明瞭な点で問題があると考える。

　Wharton (2009) は、非言語的刺激から引き出される意味表示に対し発話者の意図が担う役割について、次のように述べている[71]。

> In all these cases something has happened that produces a response in an audience:
>
> (78a) Mary is asleep. Her mother notices that she is pale and concludes she is unwell.
> (78b) Feeling unwell, Mary lies in bed with her eyes closed. She intends her mother

---

71　本研究では Wharton (2009) の (15a) - (15e) を (78a) - (78e) として引用する。

to see how pale she is but really doesn't care if this intention is noticed or not.

(78c) As (78b), except that here Mary's mother instinctively guesses at Mary's intention to let her mother see how pale she is.

(78d) Feeling unwell, Mary deliberately and openly lets her mother see how pale she is, so she will notice and help.[72]

(78e) Mary says to her mother 'I don't feel well.'

次の全てのケースにおいて、何かしら、聞き手（解釈者（引用者加筆））に反応を生み出すようなことが生じている。

(78a) メアリーは眠っている。彼女の母親が彼女の顔色が悪いことに気づき、具合が悪いのだと思う。

(78b) 具合が悪いので、メアリーはベッドで目を閉じて横になっている。彼女は自分の母親に顔色を見てもらおうとしているが、実際には、その意図が母親に気づかれるか否かということに注意を払っていない。

(78c) メアリーの母親が直観的に、メアリーによる母親に自分の顔色を見てもらおうとする意図を推測したことを除いて、(78b) と同様である。

(78d) 具合が悪いので、メアリーは意図的に明らかに母親に顔色をみさせ、その結果、母親が気づき介抱する。

(78e) メアリーは母親に「具合が悪い」と言う。

（Wharton, 2009, p. 28, 引用者訳）

上記において Wharton は、Grice からすれば (78e) のみが meaning$_{NN}$ に相当することとなり、それは、メアリーが望む意味表示を聞き手に生成しようとする意図に、解釈者が気づくよう意図しているということが意味表示そのものの生成において決定的な役割を果たしているためであると述べる。これに対し Wharton は、発話者が伝えようとする意図についての証拠を提供しているという事実において、(78d) を meaning$_{NN}$ と区別されるものの、意図明示的なコミュニケーション (overt intentional communication) の一つとして扱うべきであると

---

[72] 原文では同じ箇所に注が付与され、ここで挙げられている例の全てが Grice (1989) による例をもとに作成されたものであり、'Feeling faint' を 'Feeling unwell' へと変更した、などの説明がなされている。ただ、本研究での考察には特に影響がないため、詳細は割愛する。

する。[73]

> Firstly, Mary is being 'deliberate and open' about her intentions. Even if she only intended to inform her mother that she was feeling unwell (rather than also getting her to help), she is certainly coveying her informative intention overtly, rather than keeping it hidden, as in (78b) and (78c). There is a clear sense in which it is Mary herself who is showing her mother she is unwell, rather than just her pale complexion that is doing it (as in (78a)). Secondly, and more importantly, in these examples Mary intends not only to inform her mother that she is unwell, but also to indicate that she wants her mother to help. If Mary's mother does in fact infer that she wants help, I think we would be loath to say that she is drawing this conclusion entirely on her own responsibility, and not at least partly as a result of recognising Mary's informative intention. In general, someone who is 'deliberately and openly' letting someone know something encourages their audience to think that they have done so for a reason, and to continue looking until they have found it: thus, the best way of having an informative intention fulfilled is often to get the audience to recognise it.

　第一に、メアリーは自分の意図に関し意図的に明らかにしている。たとえ彼女が母親に（母親に介抱させようとまでしておらず）単に具合が悪いことを伝えようとしているだけであったとしても、彼女は、(78b)や (78c) のように、それを伏せたままにすることよりむしろ、自分の伝達意図を明示的に伝えている。((78a) のように) 彼女の顔色の悪さが母親に自分の具合が悪いことを示しているというよりむしろ、そのことを示しているのは、メアリー自身であるといった感がある。第二に、そしてより重要なこととして、これらの例において、メアリーは母親に具合が悪いことを伝えようとしているだけでなく、母親に介抱してもらいたいことを示唆しようとしている。もし、メアリーの母親が、実際にメアリーが介抱を求めているということを推測した場合、我々は、母親がこうした結論を完全に彼女自身の責任のもとに引き出していると言いたくはなく、少なくとも部分的には、メアリーの伝達意図に気づいた結果とするであろうと私

---

[73] 本研究では Wharton（2009）の (15) a-e を (78) a-e として引用する。

は思う。一般的に、誰かに何かを意図的に、明らかに知らせようとしている者は、聞き手に、理由があってそうしていると思わせ、その理由が分かるまで注意を向け続けるよう促す。したがって、伝達意図を満たす最善の方法は、聞き手を伝達意図に気づかせることとなる場合が多い。

(Wharton, 2009, p. 29, 引用者訳)

　上記 Wharton の主張に見られる通り、確かに発話者の意図は非言語的刺激によって引き出される意味表示（メアリーは具合が悪い、介抱が要る、など）に対しても一定の役割を担う。しかしながら、看過しがたいのは、Wharton により示されている上記 (78d) の例において、「ある者が誰かに何かしらについて意図的に明らかに知らせようとし、実際にそうしているということを、一体解釈者はいかにして知るのであろうか」という点である。(78d) においてメアリーが隠そうとしていないこと（Wharton 流に言えば、「伏せたまま」(Wharton, 2009, p. 29) にしようとしていないこと）がイコール意図的に明らかに知らせようとしていることにはならないであろう。例えば、筆者は、自身の京阪式アクセント（大阪方言）を殊更誇張する場合もあれば、そうでない場合もある。そうでない場合、隠そうとしていなくとも、だからといって、解釈者に意図的に明らかに知らせているということに同意できない。単に無意識なだけだからである。
　本章では上記三つの問題点について検討する。

5.2　感動詞に対する手続き的意味の記号化

　ここでは仮に (79) のような聞き返し発話の前に感動詞が発話された場合を考えてみる。

(79) 　J16a　3 千円貸してや（再掲 (1)）
　　　J16b　3 千円？
　　　J16a　うん
　　　J16b　3 千円？
　　　J16a　うん、3 千円。すぐ返すけん。終わったら
　　　J16b　マジで？
　　　J16a　うん、あした。あしたの。学校で返すけん

(アクドーアン・大浜, 2008, p. 1)

母語話者の解釈者であれば、下記（80a）から（80e）のような感動詞＋聞き返し発話に対し、さほど困難を伴わず大まかには以下に示すものに近似する意味表示が復元できるであろう。

(80a) ええっ（急激な上昇調）3千円？
　　　（3千円も貸せと言ったことに驚いている。）
(80b) えー（緩やかな上昇調）3千円？
　　　（3千円を貸せと言ったことに不審・不満を感じている。）
(80c) え（急激でも緩やかでもない上昇調（無標））3千円？
　　　（(1000円ではなく) 3千円を貸せと言ったことに確認を求めている。）
(80d) うーん（非上昇調）3千円？
　　　（3千円を貸せと言ったことに困惑・迷いを感じている。）
(80e) はあっ（下降上昇調）3千円？
　　　（3千円を貸せと言ったことに呆れ・図々しいと感じている。）

次に、上記と異なり、下記(81a)から(81e)に示すように感動詞のみが発話され、聞き返し発話が発話されなかった場合を考えてみると、母語話者の解釈者であれば多少の違いは見られるであろうが、上記感動詞類＋聞き返しの発話に近似する意味表示がやはり復元される。ただ話し手の感情・心理状態以外の部分については、明示的な部分がない分、全体として復元される意味表示は当然より不確定となり、推論への依存度の高い、いわば"表意の出来損ない"のようなものとなる。

(81a) ええっ（急激な上昇調）
　　　（≒3千円も貸せと言ったことに驚いている。）
(81b) えー（緩やかな上昇調）
　　　（≒3千円を貸せと言ったことに不審・不満を感じている。）
(81c) え（急激でも緩やかでもない上昇調（無標））
　　　（≒(1000円ではなく) 3千円を貸せと言ったことに確認を求めている。）
(81d) うーん（非上昇調）
　　　（≒3千円を貸せと言ったことに困惑・迷いを感じている。）
(81e) はあっ（下降上昇調）

(≒3千円を貸せと言ったことに呆れ・図々しいと感じている。)

したがって、手続き的意味による制約が本当に感動詞の記号化に含まれているのか、それとも他の推論メカニズムが関与しているのか（Nishikawa, 2010）という点では、感動詞のみが発話された場合にも、後続発話がある場合と近似的な意味表示の復元が可能なことから手続き的意味による制約が感動詞の記号化に含まれていると言える[74]。なお、森山（1997）は、感動詞「あれ」「あら」をあげ、「後続成分をイントネーションで予測させることになっている」（森山, 1997, p. 80）とし、後続部分を付加するとすれば、疑問形式か異常事態の把握を表す形式（何だろう、おかしい。どうしたのか、など）が続くことを述べている。ただし、注意すべきなのは、発話者が解釈者に予測的に推論を行わせる意図を明示的（ostensive）にすることを意図して感動詞を発しているというより、解釈者は、予測的に推論を行わせようとする発話者の意図を認識するかどうかとは独立して、予測的に推論を行うことが可能となっているという点である[75]。その意味で、後続成分を予測させるという事実は、換言すれば、復元される意味表示が特定の推論にかかわる想定となるように探索上の制約を受けていることを示している。きっと〜にちがいない、おそらく〜だろう、かもしれない、など、いくつかの副詞に見られる後続成分の予測ほどには結びつき方として強固なものでないにせよ、それに類似したものとして捉えられる。あくまで予測的に推論させる、換言すれば、推論によって復元されるのであり、復元される内容そのものが感動詞の意味として記号化されているということではない。

5.3 後続発話認知時のキャンセル可能性

下記の（82）や（83）のような場合、解釈者においてなぜ感動詞が後続発話の命題に対する態度を表さないこととなるのか。

(82) *Yuk!* This mouthwash is foul.（再掲（42））

---

[74] 全く同じ状況で聞き返し発話のみが特定の音調で発話された場合にも、感動詞類＋聞き返しの発話に近似する意味表示がやはり復元される。しかし、4.3で述べたように言語的発話のイントネーションの形状は解釈者が発話自体と切り離して受け取ることができない契機であることから、意味表示の復元を予め制約するとは言えない。

[75] 本研究は、発話者が解釈者に予測的に推論を行わせる意図を明示的（ostensive）にすることを意図して感動詞を発している場合があることを否定していない。

「ぐぇ！このうがい薬はひどい味だ。」
(83) *Wow!* This ice cream is delicious. （再掲（44））
「まあ！このアイスクリームはおいしい。」

(Wharton, 2009, p. 87)

　上記が問題となるのは、手続き的意味を基盤とする分析に対する反例となるからである。つまり、感動詞に記号化されている情報が、Wharton（2009）が主張するように、発話者の感情・心理状態に関する意味表示を復元する手続きを活性化するなら、そのことは上記において後続発話が埋め込まれる高次表意を復元しないことと矛盾してしまうことになるわけである。

　認知語用論的アプローチにおいて、手続き的意味（解釈者の意味表示の復元を制約する）の分析は、後続発話の命題とのかかわりのもと、既に何かしらの特定の解釈が成立していることを前提にその解釈がどのようにして成立するのかという検討を中心とする議論が展開されている。換言すれば、分析対象となる解釈すべき発話が決定されていることが前提になっており、分析対象となる解釈すべき発話が未決定の状態について、あまり検討されていない。

　しかし、会話において発話は線状的に展開されており、3.4.3 や 4.3 でも述べた通り、実際には、常に解釈すべき発話が決定されている状態（既出状態）にあるのではなく、未決定の状態（未出状態）も存在する。そして、手続き的意味について、未出の後続発話における意味表示の復元処理（pre-inference）に対する関与面を中心に考えると、上記（82）や（83）の場合も感動詞が後続発話の命題に対する態度を表す際と同様の推論操作が行われる可能性はあり、後続発話の認知段階で、後続発話との関係を持たないことが判明した場合は、当該の推論操作がキャンセルされると考えることが可能である[76]。すなわち、同一の感動詞が後続発話との関係を持つ場合と持たない場合とがいかなる条件で決定されるのであろうかという問題は、後続発話の出現時に後続発話の命題との関連で結果的に決定される。そうした意味では、Wharton（2009）が説明するように、感動詞が後続発話の命題に対する態度を表さない場合について、定性的・生理的反応（qualitative and physiological responses）と相互作用する認知的要素がないためと述べていることも正しい。しかしながら、後続発話の未出段階におい

---

[76] 「たとえば、文頭の感動詞を発し終えた直後に、発話内容を瞬時に変更して発話を続けるということは、現実には十分あり得る」（杉藤・犬飼・定延，1997, p. 18）。

て解釈者は、感動詞が後続発話との関係を持つ場合と持たない場合との双方について推論でき、そうした pre-inference には、結果としてキャンセルされ得る、キャンセル可能性があることを見過ごしてはならないと考える。

5.4 アドレス性に基づく発話者の意図明示性の判定

ある者が誰かに何かしらについて意図的に明らかに知らせようとし、実際に、そうしているということを一体解釈者はいかにして知るのであろうか。それは、発話者のアドレス性に求められる。会話において発話者が何かしら伝えようとする場合、伝えようとする相手に向けられているということが発話者と相手との間で何かしらの方法により相互に顕在的なものとして認識される。その方法には、名前や「ねえねえ」、「おいっ」などの発話により呼びかける言語行動のみならず、視線の送り方、顔を含め身体の向き、微笑みかけ、手招きや指差しといった身振りなど、あらゆる行為が含まれよう。こうした、ある宛て先に向けられているという性質はアドレスと呼ばれ、その会話における働きについて話者交替との関連から取り上げる研究がこれまでになされている（榎本・伝, 2011; 坊農, 2008; 坊農・高梨, 2009; Sacks et al., 1974; 高梨, 2002）。

Sacks et al.（1974）によれば、次に誰が話すのかを規定するターン割り当て部門（turn-allocation component）は、次の二つからなると言われている。(a) 現話者による次話者選択と (b) 次話者による自己選択である。そして、(a) の次話者選択として隣接ペア（Schegloff & Sacks, 1973）第1部分とともにアドレス手段を用いることが挙げられている。ここでいうアドレス手段とは、呼びかけなどの宛先表現の使用や視線を特定の参加者に向けることであると述べられている[77]。

注意しなければならないのは、次話者選択とは、単に質問を発したり、次話者に視線が向けられたりするだけでなく、それらをリソースとして相手もまた次話者や非次話者となることを知ることで達成される相互行為だという点である。なぜならスムーズな話者交替が成立するためには、Lerner（2003）が述べ

---

[77] 榎本・伝 (2011) は、上記ターン割り当て部門（turn-allocation component）のうちの (b) 次話者が自己選択する場合に焦点を当て、話し手の視線の向け先である聞き手が次話者になるのか、また視線の向け先以外の聞き手が次話者になる場合があるとしたら、いかにしてそのようなことが起こるのかを分析している。榎本らによれば、隣接ペアが用いられない場合でも、話し手に視線を向けられていた聞き手が次話者として自己選択しやすいという一般的傾向があることが述べられている。

ているように、次話者にならない者もまた話し手の視線を見て自身が次話者として選択されていないことを知っている必要があるからである。

　ここでアドレスに備わる性質に関し、向けられている側の視点からさらに踏み込んで検討してみると、次のことが挙げられる。アドレスは、講演などのように必ずしも特定の個人に向けられないこともあるが、特定の個人に向けられている場合に、もし、その個人が相手の伝えようとしている内容が理解できなければ、その個人に動揺が生じることがある。一方、たとえその個人が相手の伝えようとしている内容が分からなくても、アドレスがその個人に向けられていなければ、理解できないからといって動揺は生じない。このことはアドレスがそれを向けられる者にとって相手が何かしら伝えようとしているという意図を知る上でのリソースとなっていることを示している[78]。

　また、一般的には、ある行為Pが自分に向けられていることを知ることと、その行為Pが意図的であると見なすこととが同義のこととして扱われることがしばしばある。ただ、ある行為Pが自分に向けられているということに関しては、行為Pのみならず、行為Pと同期する他の行為Xに基づく認識が可能であり、そのような場合にも、結果的に、他の行為Xを伴った行為Pが意図的であると見なされることがある。身近な例として、講演中あくびをする人を見た講演者は、自分の方を見ながらあくびをする人と自分の方を見ずにあくびをする人とで、前者の方が後者より意図的にあくびをしていると見なし易いことが挙げられる。よって、例えば、「この聴講者は講演を退屈に思っている」といった意味表示が前者と後者とでどちらにより復元され易いかを考えてみると、前者の自分の方を見ながらあくびをする人を目にした場合の方がより復元され易いと考えられる。こうした例において視線は、あくびに伴う振る舞いとして顕著なものの一つであるが、たとえ同じ例でも上記と異なり、視線が向けられていない場合について考えてみると、当のあくびを意図的に行っているということ（あくびの意図明示性）を視線が向けられている場合と同様に見積もるのは、かなり困難な作業となることが予想される。そして、そのことゆえに、「この聴講者は講演を退屈に思っている」といった意味表示についても、視線が向けられている場合と同じようには復元されにくいこととなるのではないだろうか。これらのことが正しいとすると、アドレスとは、それが向けられている側にとって、

---

[78] Tomasello（2008）によると、子供は言語より先に大人の注意が自らに向けられていることを共同注意フレーム（joint attentional frame）として習得すると述べられている。

単に自分に向けられているか否かという二分法によって捉えられているのではなく、アドレスを備えた対象（同期する対象を含め）から相対的な程度として捉えられていると考える必要がある。よって、本研究では、意図明示性を見積もる対象に伴う顔の向きや視線などの振る舞いが自分に向けられていると見なす程度をアドレス性と定義し、アドレス性から意図明示性を見積もる対象の意図明示性を見積もると考える。

　ただ、ここで述べているアドレス性とは、広い意味でのコンテクストを形成する認知情報の一つを成すものとして捉えてはいるものの、それがなければ、メッセージを解釈しようとする主体にメッセージが構築できないものであると述べているわけではない。例えば、横断歩道を渡ろうとする際に、向こう側に居る人とたまたま目が合うと同時に、向こう側に居る人があくびをするのが見えたからといって、そのコンテクストでは、当該のあくびが自分に向けられているとも、何かしらメッセージがあるとも思わない[79]。このことからすると、解釈する主体にアドレス性が認知されているのに、メッセージの構築はなされないので、アドレス性は、解釈する主体が行うメッセージの構築とは無関係であるということになる。しかし、こうした考え方は、アドレス性をそれがなければメッセージが構築できないものとして捉えている場合である。本研究は、メッセージの構築は当該のコンテクストで主体が認知した情報に基づいた関連性を満たすように行われていると考える。その上で、アドレス性に対する主体の相対的な認知によって、メッセージを構築する際の推論操作が支援されるということを主張しているのであって、アドレス性がメッセージの構築にとって不可欠であると主張しているわけではない。以上の検討に基づくと、Wharton（2009）

---

[79] 上記の横断歩道の例は、東北大学大学院文学研究科名嶋義直教授から提示されたものである。この例の根底にある問いは「メッセージが構築されているから、アドレスが見出されるのか」、それとも「アドレスが認知されるからメッセージの構築が進むのか」ということにある。鶏が先か卵が先かという非常に示唆を受ける問題であるが、メッセージの構築過程全体からすれば、双方向的処理がなされていることが考えられる。つまり、確定に至る前段階で一定のメッセージ構築がなされている状態では、それまでより強固な根拠として、その状態を構築するまでに認知されていなかった新たなアドレス性を見出そうとした結果、新たな指標によるアドレス性が認知されることにより、メッセージの確定がなされやすくなるということは十分に考えられるからである。この場合、メッセージの構築が一定程度進んでいる点では、「メッセージが構築されているから、アドレスが見出される」と言うこともできよう。また、アドレス性として含まれるものの中に質的に異なるものがあることが示唆される。ただ、アドレス性が認識される指標同士の相互の位置づけについては、本研究の枠組みで扱える範囲を超える。よって、ここでは、深く立ち入ることはせず、これからの研究を発展させていく一つの方向として考えるに留める。

が意図明示的コミュニケーション（overt intentional communication）として位置づける下記（84）のような例が孕む問題点「ある者が誰かに何かしらについて意図的に明らかに知らせようとし、実際に、そうしているということを一体解釈者はいかにして知るのであろうか」について次のように捉え直すことが可能となる。

(84) Feeling unwell, Mary deliberately and openly lets her mother see how pale she is, so she will notice and help.（再掲（78d））
「具合が悪いので、メアリーは意図的に明らかに母親に顔色を見させ、その結果、母親が気づき介抱する。」

(Wharton, 2009, p. 28)

すなわち、(84)においてWharton (2009)が述べるように、メアリーが自らの具合が悪い顔色を「伏せたまま」(Wharton, 2009, p. 29)にしようとしていないことがイコール意図的に明らかに知らせようとしていることになるのではない。母親は、自分に向けられるメアリーからのアドレス性を根拠とし、非言語的刺激による意味表示（メアリーは具合が悪い、介抱が要る）の生成へと促されるのである。したがって、本研究では、上記Wharton (2009)による主張に対し、発話者のアドレス性に対する考慮が不可欠であることを指摘する。

5.5　言語的発話の予測的推論処理に感動詞が関与する特質

　本章では、言語的発話の予測的推論処理を引き起こす契機の中から感動詞を取り上げ、3.1.6で述べた、語用論的推論に対する感動詞の関与に関する問題点について考察した。これを受け本研究では、言語的発話の予測的推論処理に感動詞が関与する特質として以下3点を提示する。

A．感動詞に対する手続き的意味の記号化
　　感動詞の解釈者は、予測的に推論を行わせようとする発話者の意図を認識するかどうかとは独立して、予測的に推論を行うことが可能となっている。ゆえに、感動詞の解釈者に復元される意味表示は、特定の推論にかかわる想定となるように探索上の制約を受けている。あくまで予測的に推論させる（推論によって復元される）のであり、復元される内容そのものが

感動詞の意味として記号化されているということではない。
B．後続発話認知時のキャンセル可能性
　　後続発話の未出段階において解釈者は、感動詞が後続発話との関係を持つ場合と持たない場合の双方について推論でき、後続発話が出現し確定した時点で予測的に行った推論をキャンセルすることがある。
C．アドレス性に基づく発話者の意図明示性の判定
　　感動詞は解釈者が復元する意味表示において、概念的記号化がなされた語のように命題の構成要素とならず、発話者の感情・心理状態に関する意味表示を復元する手続きを活性化する。その際、解釈者は発話者の意図明示性について自分に向けられる発話者のアドレス性から判定し、それを根拠に意味表示の復元へと促される。

　先行研究の中には、森山（1997）のように感動詞のイントネーションが後続成分を予測させることを指摘した研究が見られるものの、発話解釈に感動詞がどのように関与するかに関するオンライン処理の動的様相について示しているデータは未だ少ない。そのため3.4.1で述べた「課題Ⅲ．聞き返し発話に対し予測的に行われる語用論的推論の契機は、予測的に行われる語用論的推論に対し一様に作用するのか」といった側面について具体的なことはほとんど何も分かっていないというのが現状である。
　よって次章では、感動詞に対して解釈者が見積もる発話の意図明示性の違いが、発話解釈に伴う予測的推論に対する感動詞の関与に違いをもたらすかどうかを心理言語学的実験により検討し、聞き返し発話の予測的推論処理に感動詞が関与する多様性について論じる。

5.6　第5章のまとめ
　第5章では、「聞き返し発話に対し予測的に行われる語用論的推論において、言語的刺激とパラ言語的刺激とはどのようにかかわるのか」を検討し、言語的発話の予測的推論処理に感動詞が関与する特質を明らかにした。
　感動詞が後続発話に対し予測的に行われる語用論的推論を引き出す点については、認知語用論的アプローチによる手続き的意味の分析でも言及されてきた。しかし、その分析には次の点で再検討すべき問題が残されていた。まず、〔ⅰ〕「手続き的意味による制約が本当に感動詞の記号化に含まれているのか」が曖昧

であり、〔ⅱ〕「同一の感動詞が後続発話との関係を持つ場合と持たない場合とがいかなる条件で決定されるのか」という点で明瞭に説明されておらず、そして〔ⅲ〕「非言語的刺激と言語的刺激の双方を意図明示的なコミュニケーション（overt intentional communication）一般の性質として位置づける上で「ある者が誰かに何かしらについて意図的に明らかに知らせようとし、実際に、そうしているということを一体解釈者はいかにして知るのか」」という点で不明瞭であった。本研究は用例に基づき、〔ⅰ〕に関しては、感動詞があり、かつ後続発話がある（感動詞が後続発話との関係を持つ）場合と、同状況で感動詞のみが発話される場合との間で、感動詞のみが発話された場合にも、後続発話がある場合と同様に近似的な意味表示の復元が可能であることを示し、手続き的意味による制約が感動詞の記号化に含まれていることを検証した。

〔ⅱ〕に関しては、解釈者は、後続発話の未出段階において感動詞が後続発話と関係を持つ場合と持たない場合との双方の推論が可能であり、後続発話として発話され終えた時点で、予測的に行った推論をキャンセルすることがあることを指摘した。

〔ⅲ〕に関しては、認知語用論的アプローチによる、感動詞とは、概念的記号化がなされた語のように、復元される意味表示の命題構成要素とならず、発話者の感情・心理状態に関する意味表示を復元する手続きを活性化するという言及について、解釈者は、意味表示を復元する手続きを活性化する際、発話が自分に向けられている相対的な度合いを発話者のアドレス性から判定することで、発話者の意図明示性を見積もり、それを根拠に意味表示の復元へと促されることを述べた。

以上の考察を受けて次章では、感動詞に対して解釈者が見積もる発話の意図明示性の違いが、発話解釈に伴う予測的推論に対する感動詞の関与に違いをもたらすかどうかを心理言語学的実験により検討し、聞き返し発話の予測的推論処理に感動詞が関与する多様性について考察することを述べた。

6. 推論における言語・パラ言語・非言語のインターフェイス

6.1 聞き返し発話の解釈に感動詞が関与する程度差

　本章では、コミュニケーション上の感動詞（を伴う発話）を対象に、動画上の人物が視聴者に視線を向けて（つまりカメラ目線で）発話している動画の音声と視線を向けずに発話している動画の音声とを入れ替えた場合、両者を視聴した視聴者の発話解釈にいかなる変化が生じるかについて検討する。以下、本章の構成を述べておく。まず次節 6.2 では問題の所在として、認知語用論的アプローチで言及される、発話解釈に伴う予測的推論に対する感動詞の関与が程度差という面で明らかでないことを具体的に示し、上に記した本章の目的との関連について明確にする。次に 6.3 で実験の概要を説明し、続く 6.4 以降で実験結果に基づき、予測的推論に対する感動詞の関与が一様とならないことについての考察を述べる。

6.2 問題の所在

　認知語用論のアプローチによると、再掲する下記（85）のような発話から解釈者に意味表示として（86）や（87）が復元されることに関し、感動詞は解釈者に当該の文脈の意味表示が復元されるよう予め限定しているにすぎないと述べられている。

(85) Dentist: So you're having three teeth out, *eh?*（再掲 (32)）
　　「歯科医：それであなたは三本抜歯しているんですね。」
(86) The dentist is asking whether I'm having three teeth out.（再掲 (33)）
　　「歯科医は私が三本抜歯しているかどうかを尋ねている。」
(87) The dentist is requesting confirmation that I'm having three teeth out.（再掲(34)）
　　「歯科医は私が三本抜歯していることについて確認を求めている。」

（Wharton, 2009, p. 85）

　つまり、解釈者は上記のように個々の文脈で復元された意味表示の一部を構

成している「尋ねている」、「確認を求めている」といった情報を感動詞に記号化された意味として解読することによって得ているわけではない。このことはいわゆる論理的背理法であるが、もし、感動詞に上記「尋ねている」、「確認を求めている」などが意味として記号化されているとすると、以下（88）に示す Eh? は「患者は歯科医が何と言ったのかが聞き取れず、単に言ったことを繰り返すよう要求している」（Wharton, 2009, p. 91, 引用者訳）として解釈され得るため、「言ったことを繰り返すよう要求している」といった情報も感動詞 eh に意味として記号化されていることとなる。

(88) Dentist: I'm going to polish your teeth.
「歯科医：歯を磨きますよ。」
Patient: *Eh?*
「患者：え？」

(Wharton, 2009, p. 91, 引用者訳)

しかし、上記のように想定すると、特定の感動詞に対し個別の文脈で理解され得る無限とも言える情報を我々が意味として記憶していることに帰結する。これは記憶容量の面から非現実的想定であると言え、翻って、個々の文脈で復元された意味表示の一部が感動詞に本来的な意味として記号化されていると捉えるべきではない[80]。

この点について認知語用論的アプローチは、当該の文脈で復元された意味表示の一部を構成している情報とは、解釈者に解読されているのではなく、当該の文脈での解釈者による主体的な推論により埋められているとし、感動詞はそうした推論の範囲を予め限定することに関与すると主張する（Blakemore, 2011; Wharton, 2009; Wilson & Wharton, 2006）[81]。なお、本研究では上記のように推論の

80　3.2.2 において、発話者の心的な情報処理・操作過程の違いを反映する形で精密化が図られつつある感動詞の意味記述に関する問題点として、それら発話者の生理的・心理的状態を解釈者が知るということと、感動詞単独でなく他の発話が後続する際に解釈者が個々の文脈上で具体的な意味表示を復元することとの間には、説明が必要となる開きがかなりあることを指摘した（p. 53-54）。具体的には、上記 (86)、(87) に見られるように、解釈者が個々の文脈上で具体的に復元する意味表示と解釈者が知った発話者の生理的・心理的状態とが直接結び付かず、その点でさらなる説明を要することになることを述べたものである。

81　ただし、Wharton や Blakemore が感動詞や談話標識の全てに手続き的意味が記号化さ

観点から捉えた発話解釈に対する感動詞の関与を簡略的に「解釈の方向づけ」と呼ぶことにする。

　感動詞はしばしば、解釈者から見て単なる生理的と見なされるか、意図的と見なされるかという点での区別が可能な発話である。こうした性質からすると、上記「解釈の方向づけ」において聞き手の見積もり次第で程度差が生じることが予想される。しかしながら、こうした観点からの言及は、認知語用論的アプローチの他、心理学、社会学、哲学などの関連諸分野を含め、管見の限り見られず、具体的にはよく分かっていない[82]。つまり、明示的意味の復元に対する感動詞の関与について、解釈者の見積もりに由来する程度差との関係が十分明らかにされていないと言える。

　また、認知語用論的アプローチにおいて推論によって解釈者が復元する意味表示には、明示的意味と暗示的意味という二つのタイプがあるとされる。明示的意味とは、上記（86）や（87）のように、発話の言語形式が文脈に基づいた推論により肉づけされ、その結果として解釈者の心内に得られる意味表示である。これに対し、暗示的意味は、明示的意味をもとに解釈者に推論された（呼び出された）想定と明示的意味との相互作用の結果として解釈者の心内に得られる意味表示である。下記（89）の解釈者は言語的特性を肉づけすることで（90）のような明示的意味を得るとされる。

(89) Your paper is too long.（再掲（15））
　　「君の論文は長すぎだよ。」
(90) The article that the hearer has written is too long for the conference.（再掲（16））
　　「聞き手（解釈者、引用者加筆）が書いた論文は例の学会には長すぎる。」
　　　　　　　　　　　　　　　　　　　　　　　　（Blakemore, 1992, p. 123）

　一方、同じ発話（89）が下記（91）のように「学会では発表できるかな」という質問に対する答えとして発話された場合、発話（91）の聞き手は明示的意味（90）の他、下記（92）のような結論的想定をも得る。

れていると述べているわけではない。記号化の意味論上の議論はCarston（2002）に詳しい。
82　日本語の感動詞を対象とする山田（1936）の記述においても本研究が述べる程度差への言及は見られない。

(91) A : Did I get invited to the conference?（再掲（17））
　　　「学会では発表できるかな。」
　　 B : Your paper was too long.
　　　「君の論文は長すぎだよ。」
(92) Speaker A did not get invited to the conference.（再掲（18））
　　　「話し手A（解釈者、引用者加筆）は学会には呼ばれなかった。」

(Blakemore, 1992, p. 123)

　上記（92）の結論的想定は、解釈者が（90）の明示的意味と、文脈依存的に推論した下記（93）のような仮定的な想定とを組み合わせることによって初めて得られるものである[83]。そのため（90）の明示的意味のように言語的特性から肉づけすることで得られた想定ではない。

(93) If your paper is too long for the conference you will not be invited.（再掲（19））
　　　「もし君（解釈者（引用者加筆））の論文が学会には長すぎるならば君は学会で発表できない。」

(Blakemore, 1992, p. 124)

　そして、上記（92）の暗示的意味の復元は、解釈者に導き出せる仮定的な想定（93）に依存する。したがって、暗示的意味の復元は、解釈者が仮定的な想定を導き得るか否かを判断する発話者の見積もりに依存するとされている[84]。す

83　関連性理論では結論的想定および仮定的想定の両者が推意として扱われる。

84　例えば、(91) の発話者Bがあえて直接的に「君は学会には招かれていないよ。」とは言わず (91) のように間接的な言い方をしたわけは、論文の内容が悪かったわけでないことを示すことで解釈者を慰めようとしていたのかもしれない。仮にそうであったなら、発話者は結果的に、間接的な返答による余分な処理コストを解釈者が払うことに見合うと見積もっていた「暗示的意味」に関して、解釈者に見出してもらえなかったことになる。なお、Blakemoreは下記 (94) Bの発話に関し、「話し手（発話者（引用者加筆））に自分の発話の解釈され方 [sic] について事前の予想が全くない場合である。」(Blakemore, 1992,p. 129) とし、「推意が全くない場合である。」(Blakemore, 1992, p. 129) としている。

(94) A : Did I get invited to the conference?（再掲（20））
　　　「学会では発表できるかな。」
　　 B : No, you didn't.
　　　「いや、できないよ。」

(Blakemore, 1992, p. 128)

なわち、解釈者が導く仮定的な想定の選択に課す、発話者による制約が強くなるほど、より確定的に暗示的意味が生じ、逆に制約が弱まるほど、生じる暗示的意味は不確定となる。

　ただ、認知語用論的アプローチでは、解釈者からみて発話者の発話がどのように発話されたと見なされるかということが暗示的意味の復元に対し、どのように関与するのか具体的に示されていない。認知語用論的アプローチでは、解釈者が導く仮定的な想定の選択に課す発話者による制約の強弱（程度）と解釈者が復元する暗示的意味との関連について言及している。しかしながら、発話者の発話にも様々な発話がある。前述した感動詞のように、発話の意図明示性に対する解釈者の見積もりに程度差が生じ得る発話があることを考慮すると、それらに基づく暗示的意味の復元が解釈者の見積もりと無関係に一様とはならないことが予想される。確かに、解釈者が行う発話の意図明示性に対する見積もりと、解釈者が仮定的な想定を導き得るか否かを判断する発話者の見積もりとの間には、ある程度のパラレルな関係が成立するかもしれない。しかし、常にそうした関係が成立するかは定かでない。換言すれば、暗示的意味の復元に対し、意図的にも非意図的にも発話され得る感動詞の関与について、解釈者の見積もりに由来する程度差との関係が十分明らかにされていない。こうした点では解釈者の発話解釈にかかわる推論において解明する余地があり、解釈者の見積もりの観点から暗示的意味の復元について解明すべき余地が残されている。発話者が発した発話における意図明示性の高低に対し、解釈者はそれをいかにして見積もるのであろうか。5.4で述べた通り、解釈者は、例えば、顔の向き、あるいは視線など、意図明示性を見積もる対象に伴う振る舞いが自分に向けられていると見なす程度（アドレス性）によって見積もることが考えられる。また、観点は一様ではないが、コミュニケーション上の参加者における視線と意図に関する研究は少なくない。Kendon（1967）は、視線による三つの機能の一つに意図や感情を相手に伝達する「表現機能」（expressive function）をあげており[85]、吉嶜・蒲池・箱田ら（2000）は、視線と表情による感情認知に関し、視線が向けられる程度（0度〜45度）を操作した顔の画像から被験者に感情強度を評定させた結果、視線方向の変化により評定値に差異が生じることについて報告し

85　Kendon（1967）では、後の二つの機能として、対象の知覚情報を取得する「監視機能」（monitoring function）、会話における発言権の授受を調整する「調整機能」（regulatory function）があげられている。

6．推論における言語・パラ言語・非言語のインターフェイス　127

ている。
　以上を踏まえ本研究では、発話者の視線が解釈者に向けられているかどうかを解釈者が発話の意図明示性を見積もる指標の一つとして捉え、感動詞を含む発話を対象とする解釈者の見積もりが「解釈の方向づけ」に違いをもたらすかを明示的意味と暗示的意味の復元について調べる。なお、本研究で対象とする感動詞はいわゆる一次的感動詞に限定する（p. 35. 注 24 参照）。

6.3　実験の概要　6.3.1　刺激

　6名の日本語母語話者（男性3、女性3、22歳～29歳）を発話者とし、刺激となる動画をビデオカメラ（Sony DCR-HC62）で撮影して作成した（図 6.1）[86]。発話者には、下記＜会話＞に示すような会話をしているとの設定のもと、話し相手である撮影者 A が発話者 B の発話ア）～ウ）を、表 6.1 に示すように解釈することを念頭に、表情および音声を表出することを求めた。

＜会話＞
A：今度の飲み会の会費4500円だって。どうする？
B：ア）え↗4500円？
　　イ）え↑←4500円？
　　ウ）え↓←4500円？

＊「↗」「↑」「↓」は音調の上昇、顕著な上昇、下降、の音韻的な表記（須藤, 2008: 141を参考）。

表6.1　復元される意味表示

	復元される明示的意味	復元される暗示的意味
ア）	今度の飲み会の会費が4500円だと言ったことに対し、確認を求めている。	無し（参加するとも参加しないともいえない）。
イ）	今度の飲み会の会費が4500円だと言ったことに対し、驚いている。	参加すると思う。＜参加しないと思う。
ウ）	今度の飲み会の会費が4500円だと言ったことに対し、不審・不満を感じている。	参加しないと思う。

86　本研究で掲載する実験協力者の写真に関し、本人からの了承を得た。

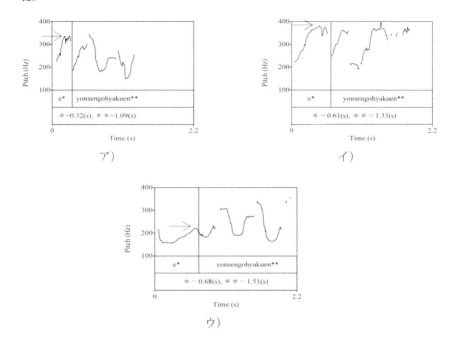

図6.2 話者iによる発話ア)〜ウ)のピッチ変動例 (praat 5.3.59 により作成)

なお、ア)〜ウ)の各発話は上記図6.2に示す通り、いずれの「e」においてもピッチの上昇が観察されるが、ア)に比べ、イ)の上昇は発話時間が長く、ピークが高めとなっており、また両者に対し、ウ)の上昇は緩やかであるといった点で互いに識別可能な特徴を持つ。これらの発話を発話者一人につき各5回ずつ、視線の有無による2通り、計180発話収集した[87]。

次に、6名の発話者の中から、筆者を含む3名の日本語教師を観察者とし、音声、表情、視線の有無が明瞭と見なした1名の男性（21歳、大学生（演劇部所属））と2名の女性（21歳、大学生（演劇部所属）、29歳、社会人（元劇団員））を選んだ。これらの発話者につき、各種5回ずつの発話から音声、表情、視線の有無に関し、上記ア)〜ウ)それぞれの明示的意味（以下、「確認」、「驚き」、「不満」と示す）が復元される発話として、相対的に自然に発話されていると見な

---

87 視線方向の統制として、撮影者からの問いかけの直後に、視線を撮影者に向けたまま発話する場合と、一端視線を撮影者に向けてから視線を手元のPCに戻し、発話時に撮影者に視線が向けられない場合の2種類を行うように発話者に指示した。

せる発話を 3 発話ずつ選出した。つまり、選出した発話は、発話者 3 名×発話種 3 種×3 発話／種×視線の有無 2 通りの計 54 発話である。音声を統一するため、視線なし発話の音声は、視線あり発話の音声に置き換えた。また、これとは別に、下記図 6.3 に示すように、視線あり発話の動画について、映像が映らないように編集した「音声のみ」動画を作成した[88]。よって、実験では、次頁表 6.2 に示すように、発話者 3 名×発話種 3 種×3 発話／種×3 通りの計 81 刺激を使用した。

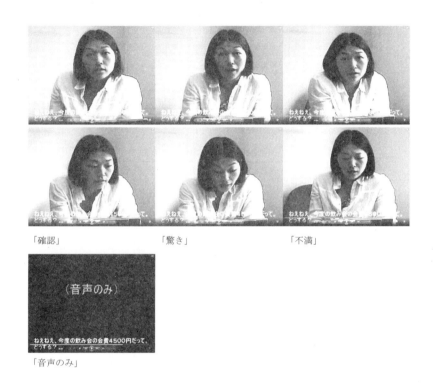

「確認」　　　　　　「驚き」　　　　　　「不満」

「音声のみ」

図 6.3　提示刺激（上が視線あり、下が視線なし）

88　実験では、用意した刺激に対し、視聴者が会話に参加している想定の下での解釈を問うため、動画内の撮影者の音声を消去し、発話時間と同期した字幕を挿入した。これらの作業には編集ソフト（AviUtl 1.00）を使用した。

表 6.2 提示刺激の条件

発話者	発話種				視線の有無
A	回数	「確認」1	「驚き」1	「不満」1	視線あり
		「確認」2	「驚き」2	「不満」2	
		「確認」3	「驚き」3	「不満」3	
		「確認」1	「驚き」1	「不満」1	視線なし
		「確認」2	「驚き」2	「不満」2	
		「確認」3	「驚き」3	「不満」3	
		「確認」1	「驚き」1	「不満」1	音声のみ
		「確認」2	「驚き」2	「不満」2	
		「確認」3	「驚き」3	「不満」3	
B	回数	「確認」1	「驚き」1	「不満」1	視線あり
		「確認」2	「驚き」2	「不満」2	
		「確認」3	「驚き」3	「不満」3	
		「確認」1	「驚き」1	「不満」1	視線なし
		「確認」2	「驚き」2	「不満」2	
		「確認」3	「驚き」3	「不満」3	
		「確認」1	「驚き」1	「不満」1	音声のみ
		「確認」2	「驚き」2	「不満」2	
		「確認」3	「驚き」3	「不満」3	
C	回数	「確認」1	「驚き」1	「不満」1	視線あり
		「確認」2	「驚き」2	「不満」2	
		「確認」3	「驚き」3	「不満」3	
		「確認」1	「驚き」1	「不満」1	視線なし
		「確認」2	「驚き」2	「不満」2	
		「確認」3	「驚き」3	「不満」3	
		「確認」1	「驚き」1	「不満」1	音声のみ
		「確認」2	「驚き」2	「不満」2	
		「確認」3	「驚き」3	「不満」3	

6.3.2　手続き

　被験者として、男性 17 名、女性 19 名の計 36 名の日本語母語話者が参加した（平均年齢 23.22 歳、SD=3.62）。実験は、2013 年 7 月 26 日から 2013 年 8 月 9 日に行った。被験者の背景を巻末資料 B に示す。被験者には発話者と面識がある

6．推論における言語・パラ言語・非言語のインターフェイス　131

者とない者が混在した。

　刺激の提示は、PC（FUJITSU, FMVM30CW）で制御し、実験用ソフト（Cedrus, SuperLab 4.5）により試行条件別に各種刺激がランダムに提示されるようにした。動画は19インチ液晶ディスプレイ（DELL, E190Sb）に、音声はディスプレイの左右に設置したスピーカー（ELECOM, MS-P03AWH）から同時に提示した。被験者とディスプレイの距離は約80cmである。

　被験者には、動画を視聴した上で次の二つの質問に回答するよう求めた[89]。質問1では、提示刺激が「確認」・「驚き」・「不満」のうち、どの刺激であるかを強制的・直観的に判定するよう指示し、質問2では、提示刺激からの自身の予測・予想として、相手が今度の飲み会に参加するかどうかについて9段階評定（－4：参加しない、－2：どちらかといえば参加しない、0：分からない、＋2：どちらかといえば参加する、＋4：参加する）で直観的に判定するよう指示した。

　試行中、回答の所要時間（単位：ms）を上記実験用ソフトで測定した[90]。実験行程は、27試行を1ブロックとし、音声のみ条件（27試行）を行ってから、視線条件（27試行×2ブロック）を行い、ブロック間では3分の休憩を取った。なお、実験開始前に本試行とは異なる発話者の刺激による5試行の練習を行った。また、実験後の被験者に刺激の同定や予想の評定について、どういう場合にどういう回答をしていたと思うかに関する簡単なインタビューを行った。全行程の所要時間は一人につき約35分であった。得られたデータの分析にはSPSS Statistics 21 を使用した。

　以下、上記から得られたデータに関し、分析結果と考察を述べるにあたり、予め明示的意味と暗示的意味に関するものに分け、明示的意味に関するものを述べてから暗示的意味に関するものを述べることとする。

89　回答の際は上記の会話を被験者が撮影者の立場で親しい友人と行っているという想定の下、提示される刺激を自分が行っている会話における相手の発話と見立て、自分が普段の会話で行っているような解釈として回答するように依頼した。

90　画面上では一つの刺激の提示が終了した直後に（発話の終了直後に）質問1の回答選択画面に移り、被験者によって回答ボタンが押された直後に、質問2の回答選択画面に移る。同様に、被験者が質問2への回答ボタンを押した直後に、次の刺激の提示へと移る仕様となっている。各質問の回答選択画面に移ってから被験者が回答ボタンを押すまでを回答所要時間として測定した。厳密には、ここでの測定値が提示刺激の認知処理に要する時間であるとはいえないが、本研究では、これを認知処理に要する時間の近似値として扱う。

6.4 明示的意味の復元に対する感動詞の関与
6.4.1 正答率

図6.4に、提示刺激および提示方法ごとの平均正答率と標準偏差を示す。なお、音声のみ条件の回答については、他の提示方法とは別に収集されたものであることから、以下の分析において、適宜、参照することに留める。図6.5は、提示刺激ごとに視線の有無別に見た平均正答率を示したものである。提示方法(2)×提示刺激(3)の2要因分散分析(ともに対応あり)を行った結果、交互作用が有意であった($F_{(2, 70)} = 4.77, p < .05$)。提示方法の単純主効果を検定したところ、表6.3に示す通り、「驚き」では1％水準で有意であり、「確認」・「不満」では5％で有意でなかった[91]。すなわち、「驚き」においては視線が向けられる場合の方が向けられない場合より正答率が高いことが分かった。

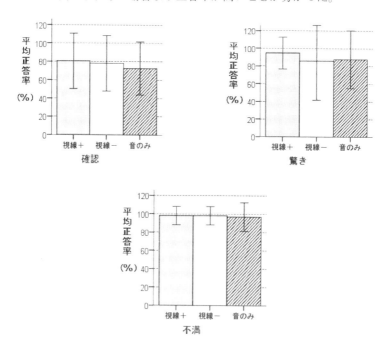

図6.4　提示刺激および提示方法ごとの平均正答率と標準偏差[92]

91　本研究の単純主効果の検定および多重比較には、プールした誤差項を使用していない。竹原(2007, p. 175)を参照のこと。

92　分析指標として平均値を採用している点に関し、「不満」のように、どの提示方法で

6. 推論における言語・パラ言語・非言語のインターフェイス 133

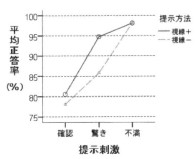

表6.3 提示方法の単純主効果

	SS	df	MS	F	P
確認	.01	1.00#	.01	1.35	.25
驚き	.14	1.00#	.14	9.78	.00**
不満	.00	1.00#	.00	.00	1.00
誤差		35			

#Greenhouse-Geisser

図6.5 視線の有無別に見た平均正答率

6.4.2 反応時間

　次頁図6.6は、提示刺激および提示方法ごとの平均反応時間（ms）と標準偏差を図示したものである。また図6.7は、提示刺激ごとに視線の有無別に見た平均反応時間を示す。提示方法（2）×提示刺激（3）の2要因分散分析（ともに対応あり）を行った結果、交互作用が有意であった（F(1.44#, 70) = 3.96, p < .05, #Greenhouse-Geisser）。提示方法の単純主効果を検定したところ、表6.4が示す通り、確認・驚きでは5％水準で有意であり、不満では5％水準で有意でなかった。すなわち、確認・驚きにおいては視線が向けられる場合の方が向けられない場合より反応時間が短いことが分かった。

も正答率平均が、ほぼ100％となるものも見られ、平均を比較する上で前提となる正規分布が仮定できないことから、平均値を分析指標として採用することが適切でない部分が見られる。しかし、ここでは、「正答率平均が、どの場合でも、ほぼ100％となるものもある」という点を示すことを重視し、正答率平均の差の有無を本質的な問題として扱おうとしているわけではない。本実験では、分析方法として平均値の比較を一貫的に採用しており、一貫した分析方法であるにもかかわらず、「結果の出方に他と比べて明らかに異なるものがある」ということを示す点に重点を置いた。その意味では、平均値を指標とせずともよいのかもしれないが、一貫した形で採用している分析方法のもとに、先に述べた意図を示すことを考慮すると、当該の指標が直感的に分かり易く、平易であると思われる。

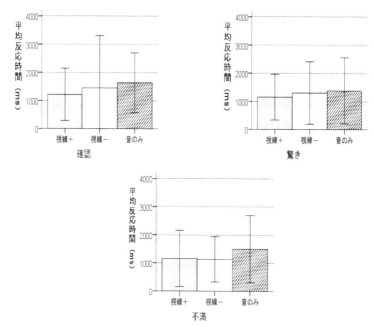

図 6.6　提示刺激および提示方法ごとの平均反応時間と標準偏差

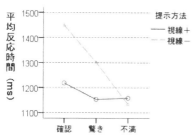

図 6.7　視線の有無別に見た平均反応
時間

表 6.4　提示方法の単純主効果

	SS	df	MS	F	P
確認	957830.52	1.00#	957830.52	4.89	.03*
驚き	398542.61	1.00#	398542.61	7.40	.01**
不満	10883.59	1.00#	10883.59	.34	.56
誤差		35			

#Greenhouse-Geisser

6.4.3　明示的意味の復元に感動詞が関与する程度差

　実験の結果において、提示方法（視線の有無）により、正答率に差が見られる刺激がある一方で、そうした差が見出せない刺激があることは、認知上、聴覚情報と視覚情報のどちらが優先されるかが、刺激の種類によって異なることを示している。Kamachi, Bruce, Mukaida, Gyoba, Yoshikawa, and Akamatsu（2001）や桐田（1993）、中野・伊藤（2009）などによれば、異なる感情の同定課題において、「喜び」や「驚き」といったポジティブな感情の認知は、表情優位であるのに対し、「嫌悪」や「悲しみ」といったネガティブな感情の認知には、表情・音声間の優位性が見られないことが指摘されている。本実験において、明示的意味を復元する上で「驚き」は、視線が向けられている場合の方が、視線が向けられていない場合より、正答率が高いが、「不満」は、視線の有無による差が見出せず、一様に高い正答率となっている（ちなみに音声のみ条件においても、「不満」は高い正答率を示している）。また、復元された明示的意味が、どの明示的意味であるかを同定する課題に回答する際の反応時間を見ると、「確認」・「驚き」は、視線が向けられる場合の方が、向けられない場合より、反応時間が短かったのに対し、「不満」は、提示方法による差が見出せず、一様に短かった（ただし、音声のみ条件において「不満」の反応時間は長いことが示唆された）。これらの結果はいずれも、Kamachi et al.（2001）や桐田（1993）、中野・伊藤（2009）などが異なる感情の同定課題の結果に関して述べているように、「不満」が意味表示として復元される刺激が、視覚的な提示方法の違いによる影響を受けにくい刺激であったことに起因すると考えられる[93]。その一方で、刺激同定の反応時間に関し、「確認」や「驚き」において、視線が向けられる場合の方が、向けられない場合よりも反応時間が短縮されるのは、これらの刺激が、視覚的な提示方法の違いによる影響を受け易い刺激だからであることが示唆される。

　ここで重要な点は、なぜ刺激同定の反応時間が、「確認」や「驚き」において、視線が向けられる場合の方が短くなったか、ということである。その要因として、複数の発話者が複数回発した発話の中で、特定の物理的・客観的情報を視線を向けるときにしか発現させていないと考えることや、視線が向けられていない以上、解釈者に注目されることが決してないと保証される、特定の物理的・客観的情報を想定することは、困難である。本研究は、与えられた刺激に対して、

---

[93]　ただし、「音声のみ」条件と比べた場合、「不満」にも視覚的な提示方法による影響があることは示唆される。

我々が解釈としての意味表示を復元するにあたり、物理的・客観的に存在するあらゆる情報を我々が一様に処理しているわけではないと考える。視線が向けられていることで反応時間が短縮される理由は、解釈としての意味表示を復元する上で、自分に向けられていることが明白かどうかによる処理情報の選択が行われており、処理すべき情報として選択し易いものほど、選択にかかる時間が短くて済むからである。逆に、自分に向けられていることが明白でない情報は、処理すべき情報であるかどうかの選択が相対的に行いにくくなるため、その分、時間を要するのであろう。だとすれば、なぜ処理すべき情報の選択において、自分に向けられているという性質（アドレス性）が明白かどうかということが選択基準とならねばならないのか。それは関連性理論が定義している通り、通常、コミュニケーションにおいて、処理労力に値するという受け手の期待に見合う情報が、優先的に選択されるからであり、その情報とはつまり、発話者の意図明示性が高い情報だからである[94]。受け手は、自分に向けられていることが明白かどうかから、発話者の意図明示性の高さを見積もることができ、そうする限りで、労力に値しない処理（不要な推論も含まれる）をさせられることがないことが保証されている。ゆえに、自分に向けられていることが明白な情報であれば、処理すべき情報の選択に要する時間は不要となると説明できる。

ただ、上記の一方で、関連性理論に基づく説明は、少なくとも意味表示として「不満」が復元される場合において当てはまらない。実験で扱った感動詞の中で「不満」は、結果に示した通り、復元された明示的意味がどの明示的意味であるかを回答させた際の正答率に、視線の有無による差が見出せず、一様に高い正答率となっていた。また、それは音声のみ条件での正答率についても同様であり、高い正答率を示していた。そして、復元された明示的意味がどの明示的意味であるかを回答する際の反応時間を見ると、「不満」は、提示方法による差が見出せず、一様に短かった（ただし、音声のみ条件における「不満」の反応時間は長いことが示唆された）。これらの結果に基づくと、「不満」のように、自分に向けられていることが明白かどうかという視覚的な提示方法の違いが意味表意の復元過程にあまり影響しないタイプの感動詞もあることが考えられる

---

94 このことを関連性理論では「最適の関連性の見込み」(presumption of optimal relevance) と呼び、以下の定義があげられている (Sperber & Wilson, 1995, p. 270)。
(a) 意図明示的刺激は受け手がそれを処理する労力に見合うだけの関連性がある。
(b) 意図明示的刺激は伝達者の能力と優先事項に合致する最も関連性のあるものである。

からである。ただ、この点については、感動詞の中に発話の意図明示性の高低を見積もるプロセスを経ずに処理される発話があるのか、それとも、発話の意図明示性の高低を見積もる何か別のやり方があるのか、よく分からない[95]。いずれにしても、感動詞による「解釈の方向づけ」は、解釈者が行う発話の意図明示性への見積もりによる理由と、発話の意図明示性への見積もりにおける処理プロセスの違いという二つの異なる理由から、程度差が生じる可能性がある。

6.4.4 聞き返し発話の明示的意味に感動詞が関与する多様性

本章の目的は、感動詞を伴う発話を対象とする聞き手の見積もりが「解釈の方向づけ」にいかなる違いをもたらすかを検討することにあった。会話における感動詞を伴う聞き返し発話に関し、動画上の人物が視聴者に視線を向けて発話している映像と、音声は同一であるが、視線を向けずに発話している映像との間で、視聴者の発話解釈は一様とならなかった。解釈者は、発話に伴い発話者の視線が自分に向けられているかどうかから、アドレス性を認識することによって、発話者の発話の意図明示性の高低を見積もる。感動詞が解釈者による明示的意味の復元を制約する「解釈の方向づけ」は、解釈者がアドレス性によって見積もる、感動詞の意図明示性の高さに依存し、程度差が生じる。

また、感動詞の中には、発話者の視線が自分に向けられているかどうかという視覚的な提示方法の違いによる影響を、解釈者が明示的意味の復元過程で受け難いタイプも存在する。発話解釈に対する感動詞の関与は、感動詞自体のタイプによっても、一様とならない可能性がある。

---

[95] 刺激のタイプにより処理プロセスが異なるという点については、視覚に関し、美しい絵を見た場合と醜い絵を見た場合とで脳の活性化領域に違いが見られることが機能的核磁気共鳴画像法：Functional magnetic resonance imaging (fMRI) によって明らかにされている (Kawabata and Zeki, 2004)。しかし、Kawabata and Zeki (2004) は脳内の各領域間における処理速度の相違を問題にしているわけではないため、処理プロセスが異なることにより処理に必要とされる時間が異なるかどうかについてはよく分かっていない。あくまで筆者の推測であるが、知覚情報として相対的にポジティブなものとネガティブなものとを考えた際、相対的にネガティブなものとして認知されるものの方がポジティブなものよりも処理時間は早まるのではないかと思われる。なぜなら、ネガティブな刺激をより早く回避できることは生物の生存的合理性に適うからである。また、知覚の処理時間は、知覚条件次第で早くなったり遅くなったりすることが考えられる。こうした刺激タイプと知覚の処理時間との関係について詳細に解明することは今後の課題としたい。

6.5 暗示的意味の復元に対する感動詞の関与
6.5.1 予測の強度

図 6.8 は、提示刺激および提示方法ごとの平均予測の強度と標準偏差を図示したものである。また図 6.9 は、提示刺激ごとに視線の有無別に見た平均予測の強度を示す。なお予測の強度に関しては、飲み会に参加しないと思う場合と参加すると思う場合とで符号が異なるため、全ての回答数値に一律 4 加算し符号を統一した。したがって、4 が「どちらとも言えない」であり、0 に近づくほど、「参加しないと思う」程度が強く、8 に近づくほど、「参加すると思う」程度が強いことを示す。提示方法（2）×提示刺激（3）の 2 要因分散分析（ともに対応あり）を行った結果、提示刺激の主効果が 1％水準で有意であった（F (1.57, 70) = 88.64, p < .01）。これに対し、提示方法の主効果に有意差は見られなかった。交互作用は有意でなかった。提示刺激の主効果について Bonferroni 法による多重比較を行った結果、確認の平均予測の強度は驚きおよび不満の平

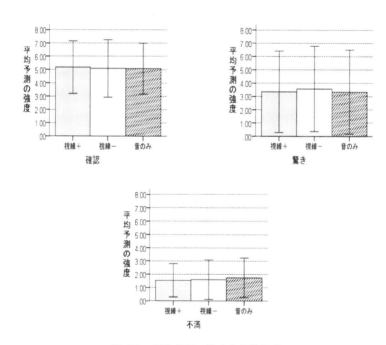

図 6.8 平均予測の強度と標準偏差

均予測の強度より有意に高かった（p ＜ .01）[96]。また、驚きの平均予測の強度は不満より有意に高かった（p ＜ .01）。

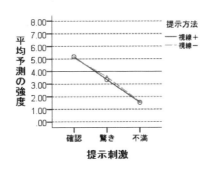

図6.9　視線の有無別に見た平均予測の強度

6.5.2　予測の反応時間

図 6.10 は、提示刺激および提示方法ごとの予測における平均反応時間（ms）と標準偏差を図示したものである。また図 6.11 は、提示刺激ごとに視線の有無別に見た、予測における平均反応時間を示す。提示方法（2）×提示刺激（3）の 2 要因分散分析（ともに対応あり）を行った結果、提示刺激の主効果が 1％水準で有意であった（$F(2, 70) = 14.01, p < .01$）。これに対し、提示方法の主効果に有意差は見られなかった。交互作用は有意でなかった。提示刺激の主効果について Bonferroni 法による多重比較を行った結果、不満の平均反応時間は確認および驚きの平均反応時間より有意に短かった（p ＜ .01）。また、確認と驚きとの間に有意差は見られなかった。

96　本研究の単純主効果の検定および多重比較には、プールした誤差項を使用していない。竹原（2007, p. 175）を参照のこと。

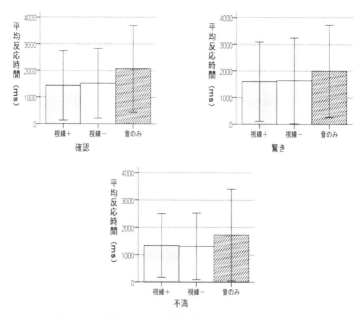

図 6.10　予測における平均反応時間 (ms) と標準偏差

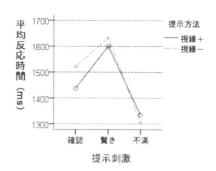

図 6.11　視線の有無別に見た予測における平均反応時間

6.5.3　暗示的意味の復元に感動詞が関与する程度差

　上記実験の結果において、予測の強度に視線の有無による違いは見られなかった。また、予測の反応時間においても視線の有無による違いはないようである。これらの結果を見る限り、感動詞がついた発話から解釈者が解釈として導く暗

示的意味と解釈者によって見積もられる発話者の意図明示性の高低との間に関連はなさそうである。しかしながら、結果として見た予測の強さにおいて、もととなる刺激が持つアドレス性の相違が反映されなかったとしても、「結果的に同じであった」ということはあり得ることかもしれないが、予測を導くプロセスの観点からすると、「予測の反応時間においても視線の有無による違いはない」という結果は非常に奇妙に思われる。なぜなら、明示的意味に関し、刺激に対して「確認」・「驚き」・「不満」のうち、どの刺激であるかを判定する際の反応時間は、「確認」・「驚き」において視線が向けられる場合の方が向けられない場合より反応時間が短かったのに対し（いずれも5%水準で有意差あり）、「不満」において、視線の有無による差が見られず一様に短かった。これらの結果を含めて考えると、反応時間に関し、明示的意味の復元に必要となる時間には視線の有無による差があるにもかかわらず、同一の刺激による暗示的意味の復元に必要となる時間には視線の有無による差がないことになるからである。ただ、実験デザインの点から考えてみると、本研究での予測の反応時間は、提示刺激が何であるかを既に同定した状態から予測させた時間となっている。つまり、上記予測の反応時間の結果には刺激の同定に要する時間が含まれていない。通常、相手の発話（反応）が何であるかを一切考慮せずに予測することはないであろう。だとすると、予測の反応時間にも何らかの形で刺激の同定に要する時間差が反映されるはずである[97]。

97　実験において、明／暗示的意味の復元にかかる時間を段階的な形で測定するように設定した意図とは、次の通りである。暗示的意味の復元にかかる時間を測定する上では、「差が出るタイプ」と「差が出ないタイプ」とを考慮しておく必要があった。「差が出るタイプ」とは、受け取った刺激に対し、明示的意味を復元してから暗示的意味を復元するタイプである。よって、明示的意味の復元にかかる時間が暗示的意味の復元にかかる時間に反映される。そのため、暗示的意味の復元にかかる時間に関し、「差が出るタイプ」については、明示的意味ができていれば早く、できていなければ遅いという前提が成り立つ。一方、「差が出ないタイプ」とは、Raymond W. Gibbs, Jr. による一連の研究（Gibbs, 1999a; Gibbs, 1999b; Gibbs, 2002; Gibbs & Colston, 2012; Gibbs & Moise, 1997; Hamblin & Gibbs, 2003）で取り上げられている figurative language（馴染みのある言葉）に相当するものであるが、受け取った刺激に対し、暗示的意味を復元する上で、明示的意味の復元過程を経由せず、直接、暗示的意味を復元するタイプである。よって、明示的意味の復元にかかる時間が暗示的意味の復元にかかる時間に反映されない。そのため、暗示的意味の復元にかかる時間に関し、「差が出ないタイプ」については、明示的意味ができていれば早く、できていなければ遅いという前提が成り立たない。ただ、本実験においては相対的に、「差が出るタイプ」について、明示的意味を復元してから暗示的意味を復元するまでにかかる時間（近似値）を測ることに比重を置いた。暗示的意味の復元時間は、「差が出るタイプ」については、明示的意味の復元時間と正の相関があることが考えられる。しかし、初めから暗示的意味

そこで明示的意味について検討した刺激同定の反応時間（質問1への回答時間）を予測の反応時間に統合し、再度、提示方法（2）×提示刺激（3）の2要因分散分析（ともに対応あり）を行ったところ、以下のように異なる結果となった。次頁図6.12が示すように、交互作用が有意となる（$F(2, 70) = 10.87, p < .01$）。提示方法の単純主効果を検定すると、確認では1％、驚きでは5％水準でそれぞれ有意であり、不満では5％水準で有意でなかった（次頁表6.5）。すなわち、予測に要する時間に関し、確認・驚きにおいて、視線が向けられる場合の方が向けられない場合より反応時間が短いことが分かる。

の復元時間を明示的意味の復元時間と統合した形で出すことは、「差が出ないタイプ」を考慮しないことになってしまう。よって、本実験では、ひとまず段階的な形で測定するよう設定し、明示的意味を回答してからであれば、明示的意味が復元できている状態からのスタートという一定の基準で、「差が出るタイプ」における暗示的意味の復元のみにかかる時間を測定できるのではないかと考えたわけである。その一方で、「差が出ないタイプ」については、段階的な測定法では、暗示的意味の復元時間に顕著な違いが生じないという結果になることを予測した。しかし、結果的には、上記の測り方では、「差が出るタイプ」でさえ、暗示的意味の復元のみにかかる時間に顕著な違いが見出されなかった。その理由は、「差が出るタイプ」における暗示的意味の復元のみにかかる時間の測り方として、上記の測り方では混入する誤差を十分に排除できていないからだと考えている。暗示的意味の復元にかかる時間に関し、「差が出るタイプ」については、明示的意味ができていれば早く、できていなければ遅いという前提が間違っているとは考えていない。勿論、「差が出ないタイプ」の存在を否定しているわけではない。

  For example, when John says to Mary at dinner "Can you pass the salt?" Mary need not analyze, and then reject as inappropriate, the context-free, literal meaning of John's utterance (e.g., "Are you able to pass the salt?"). <u>Given sufficient discourse context, people can at times immediately infer what speakers imply by their use of indirect and figurative language without needing to first analyze what speakers literally say.</u>
  例えば、夕食でジョンがメアリーに「塩を取ってもらえますか。」と言う際、メアリーは、ジョンの発話についての、文脈に依存しない、字義通りの意味（例えば、「塩を取ることができますか。」）を分析し、それを不適切として却下する必要はない。<u>十分な談話の文脈が与えられれば、人々は、発話者が字義通りに言うことを初めに分析する必要はなく、間接的で馴染みのある言葉の使用によって発話者が暗示的に言うことを即座に推測できる場合がある。</u>
             （Hamblin & Gibbs, 2003, p. 60, 下線および訳は引用者）

6．推論における言語・パラ言語・非言語のインターフェイス　143

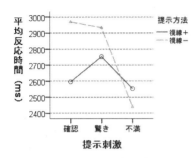

図6.12　統合後の結果

表6.5　提示方法の単純主効果

	SS	df	MS	F	P
確認	2510169.08	1.00#	2510169.08	14.01	.00**
驚き	591267.71	1.00#	591267.71	4.67	.04**
不満	230621.10	1.00#	230621.10	3.56	.07
誤差		35			

#Greenhouse-Geisser

　上記の分析結果に基づき改めて検討すると、感動詞を伴う発話から受け手が解釈として導く暗示的意味は、解釈者によって見積もられる発話者の意図明示性の高低が間接的に関与することが考えられる。間接的に関与するとは、予測のもととなる刺激の同定に発話の意図明示性に対する解釈者の見積もりが関与する限りにおいて、予測を導く上でも、当然、その影響を受けていることを指す。すなわち、反応時間の観点から考えてみると、感動詞の明示的意味の復元に関し、解釈者は発話に伴うアドレス性の相違より発話の意図明示性を見積もっており、意図明示性が高く見積もれる発話ほど、その解釈としての意味表示の復元における所要時間が短縮される。よって、明示的意味の復元が容易であるほど、暗示的意味を導く際にも、その所要時間に短縮が生じるものと考えられる[98]。

　ただし、間接的に関与することに関して予め「刺激の同定に発話の意図明示性に対する解釈者の見積もりが関与する限りにおいて」と条件付きで述べているのは、少なくとも意味表示として「不満」が復元される場合に上記の説明が当てはまらないからである。6.4.3「明示的意味の復元に感動詞が関与する程度差」において明示的意味に関して言及した通り、感動詞の中には、「不満」のように、自分に向けられていることが明白かどうかにかかわらず一様に短時間で復元されるものもある。そのため、感動詞の中に発話の意図明示性の高低を見積もるプロセスを経ずに処理される発話があるのか、発話の意図明示性の高低を見積もる他のやり方があるのかを明らかにする必要があるが、いずれにしても、発話者の意図明示性の高低に対する解釈者の見積もりが暗示的意味に間接的に

98　明示的意味を復元すると、常に暗示的意味を導くという意ではない。

関与するという説明が当てはまらないケースもある。認知上、聴覚的情報と視覚的情報との間でどちらが優先されるかという知覚情報の認知的優先性についてはこれまでにも指摘されており（Kamachi et al., 2001; 桐田, 1993; 中野・伊藤, 2009）、意味表示の復元プロセスが感動詞のタイプにより異なることが考えられる。このことは、暗示的意味の復元に対する感動詞の関与において解釈者が行う意図明示性の高低についての見積もりにかかわる要因と意図明示性の見積もりにおいて異なる処理プロセスをとるという異なる二つの要因により程度差が生じ得ることを示している。

一方、予測の強さ（確信度）において、今回の実験では、解釈者による発話者の意図明示性の高低に対する見積もりは関与せず、結果的に同程度の予測となることが示された。ただ、この結果と実験後のインタビューから得られた被験者のコメントとの間には整合しない部分が見られる。36名のうち12名の被験者（33％）が以下の下線部が示すようにアドレス性の相違により回答する予測の強度が異なるという趣旨のコメントを述べていた。

f3：Q2はほとんどマイナスの方に回答していた。こちらを見てるか見てないかという動作がつくと、回答の振れ幅に違いがあった。特に見てないときは、印象として、音声のみのときの自分の判定が思ったほど強くない（弱く感じる）気がした。

f9：顔が向けられていると、予想の強さは強まり易く、向けられていないと（ゼロどちらとも言えない）に近づく。語尾が伸びてないとニュートラルなんだけど、伸びてると感情が入っている。声の高いものは参加しそうと予想し、低いものは参加しなさそうと予想した。

f15：視線が向いていると、予想の傾きがはっきりする。

m12：驚いているときは、参加したいかしたくないか決めるのが難しかった。目を向けていなかったり、動きが小さいときは、（金額に）納得しているように思い、目を見開いたり、動作が大きくなった場合に参加しない予想が強くなる気がする。

m15：一緒に行けるかどうかを考えて回答していた。音だけだと判定しにくかった。音声より顔色やこっちを見ているか見てないかという点に注意していた。こちらを見て言われると、見てないものに比べて「うっ」と感じる度合いが強くなる。そこは予想の強さにかかわっていた。

m16：こちらを見ているかどうかで、参加しないとより強く判定していたのは、見ている方だった。見ていない方はあまり関心がないという感じだが、無関心はどちらかというと、どちらとも言えないに判定した。

しかしながら、上記のコメントに関し、「実際の回答に具体的にどの程度の違いとして反映されていることを指しているか」を明らかにすることはできない。ゆえに本研究の結論としては、より具体的に結果を示す統計上の分析結果の方を採用し、解釈者による発話者の意図明示性の高低に対する見積もりは予測の強度に関与せず、「結果的に同程度の予測となる」としておく。

以上のことをまとめると、感動詞を含む発話を対象とする暗示的意味の復元においては、発話の意図明示性に対する解釈者の見積もりによって感動詞の関与が多様化する。また、暗示的意味の復元過程に解釈者によって見積もられる発話者の意図明示性の高低は間接的に関与し得るが、復元の結果には関与しない。

6.5.4　聞き返し発話の暗示的意味に感動詞が関与する多様性

本章では、感動詞を含む聞き返し発話を対象に、発話の意図明示性に対する解釈者の見積もりの観点から、暗示的意味の復元に対する感動詞の関与について考察した。感動詞を伴う発話の暗示的意味の復元においては、明示的意味を復元する際に生じる、感動詞に対する解釈者の見積もりに依存する復元所要時間の短縮が間接的影響となり、復元所要時間に短縮が生じ得る他、感動詞自体のタイプによって異なる処理プロセスを経ることが示唆されることから、感動詞の関与が一様とならない。ただし、暗示的意味における復元過程の多様さは、復元の結果としての暗示的意味を左右するものではない。

次章では、これまでの考察をもとにした総合的考察として、聞き返し発話のオンライン処理とその学習者による実現に向けた推論操作の最適化について検討する。

6.6　第6章のまとめ

第6章では、「課題Ⅲ．聞き返し発話に対し予測的に行われる語用論的推論の契機は、予測的に行われる語用論的推論に対し一様に作用するのか」に関し、発話者の視線方向により発話解釈の所要時間が異なるのかを心理言語学的実験

により検討した。それにより、聞き返し発話の予測的推論処理に対する感動詞の関与が一様ではないことを明らかにした。これは、第 5 章で言及した「アドレス性に基づく発話者の意図明示性の判定」の観点から、実際に解釈者が、発話者の意図明示性について自分に向けられる発話者のアドレス性から判定し、それを根拠に意味表示の復元へと促されるのかどうかを検証したものである。

具体的には、感動詞を伴う聞き返し発話の明示的意味の復元に関し、解釈者が、発話に伴う発話者の視線方向から発話のアドレス性を認識することにより、発話者の発話について、「単に生理的に発されたものか、発話者の伝えたいという伝達意図が意図的に発されたものか」という点での意図明示性の高低を見積もっており、感動詞が解釈者による意味表示の復元を制約する「解釈の方向づけ」において、解釈者がアドレス性によって見積もる感動詞の意図明示性の高さに依存する程度差が生じることを、発話解釈にかかる時間の違いから実証した。また、示唆される点として、感動詞の中には、視覚的な提示方法の違いによる影響を受け易いタイプもあれば、本研究で扱った「不満」のように、視覚的な提示方法の違いによる影響を受け難いタイプも存在し、感動詞自体のタイプによっても、発話解釈に対する感動詞の関与が一様とならないことを述べた。さらに、感動詞を伴う聞き返し発話の暗示的意味の復元に関し、明示的意味を復元する際に生じる、感動詞に対する解釈者の見積もりに依存した復元所要時間の短縮が、暗示的意味の復元に間接的に影響することによって、暗示的意味の復元所要時間に短縮が生じ得ることに言及した。また、示唆される点として、明示意味と同様に、暗示的意味においても、感動詞自体のタイプによって異なる処理プロセスを経ることが示唆されることから、発話解釈に対する感動詞の関与が一様とならないことを指摘した。ただし、暗示的意味の復元過程の多様さは、復元の結果としての暗示的意味を左右するものではないことを述べた。

次章では、これまでの考察をもとに総合的考察を行い、聞き返し発話のオンライン処理とその学習者による実現に向けた推論操作の最適化に関し、新たな情報区分としてオンライン処理を支援する情報を提示し、コミュニケーションストラテジーの研究分野および学習者向けたフィードバックを行う。

7. 総合的考察：聞き返し発話のオンライン処理と推論操作の最適化

7.1 聞き返し発話のオンライン処理

　ここまで述べてきたように、母語話者は性質上異なる契機に基づく推論操作を円滑に行うことで、会話に出現する聞き返し発話に対するオンライン処理を実現している。詳細は4.3で述べたが、上記の推論操作には大きく2種類あり、既出の聞き返し発話を遡及的に規定するpost-inferenceと、これから導入される聞き返し発話を投射的に規定する"pre-inference"とに分けられる。それぞれの推論は、引き出される契機が解釈者にとってどのように受け取られるかという点で異なっている。すなわち、既出の聞き返し発話を遡及的に規定するpost-inferenceは、それを引き出す発話（末）イントネーションの形状や模倣といった契機が解釈者に受け取られる上で、聞き返し発話自体と切り離すことができず、そのため、現れた聞き返し発話を遡及的に規定するものとして働く。一方、これから導入される聞き返し発話を投射的に規定する"pre-inference"は、感動詞の共起およびその音調や笑い、検討中の表示といった契機が聞き返し発話が現れるより前に出現し、解釈者に受け取られる上で、聞き返し発話自体と切り離して受け取られており、聞き返し発話を投射的に規定するものとして働く。このことは、聞き返し発話の解釈にあたって、遡及的規定と投射的規定という二つのアプローチが存在し、どちらかのアプローチの処理のみでは、オンラインでのスムーズな解釈に支障をきたす可能性があることを意味している。

　また、様々な聞き返し発話の解釈として得られる意味表示は、基盤となる言語的刺激として明示されている情報が、上記の推論によって規定されて行く過程で、言語的に明示されていない刺激からの作用を受けて復元される。それらの作用は、4.3から第5章にかけて述べた通り、概念的記号化がなされた語のように命題の構成要素として貢献するのではなく、推論の方向や手順といった処理を指定する証拠として、推論範囲を限定することに関与している。すなわち、様々な聞き返し発話の意味表示は、言語的刺激として明示されている情報における記号的な解読結果と言語的刺激として明示されていない情報のそれとを統合するような単純な形では復元されていない。

情報の統合的側面については、これまでの研究において、互いに質が異なる情報として別々に扱われることが多かった、言語的刺激とパラ言語的刺激、そして視線という視覚的刺激のそれぞれが、推論を支援するという共通した働きのもとに相互作用しつつ統合され、意味表示が復元される。その相互作用のメカニズムにおいて、第6章の実験で示した通り、言語的刺激は、推論により復元される意味表示の基盤として関与し、パラ言語的刺激は、推論範囲の限定に関与し、視線は、パラ言語的刺激による推論範囲の限定に対し、アドレス性の強弱の見積もりに基づいて生じる相対的強度として関与することにより、各刺激が有機的に結び付いている。したがって、各刺激の有機的結び付きに生じる変化、例えば、言語的刺激が構造的に十全な形で発話されたどうか、どのようなパラ言語的刺激が発話されたか、そして、それら発話のアドレス性は、解釈者にどのように見積もられたか、といったことが解釈者が行う推論に影響を与え、意味表示の復元過程が多様化することとなる[99]。

7.2　オンライン処理を支援する情報

　様々な聞き返し発話に対するオンライン処理が、推論を引き出す契機となる刺激と引き出される推論との相互作用から実現される以上、解釈しようとする者が、単に言語的に明示されている情報の静的な記述から知り得ることに目を向けているだけでは不十分であり、他方、個々の具体的文脈で復元される推論操作の結果として知り得ることに目を向けているだけでも不十分であることは明らかである。しかし、そのことは、何も聞き返し発話だけに限られたことではない。本研究では、4.3「予測的推論処理を引き起こす契機」において、推論を引き出す契機となる刺激として、発話（末）イントネーションの形状、感動詞の共起とその音調、笑い、模倣、「え：っとね：」や「そうだね：」といった言い淀み、同様の発話の繰り返しなどによる検討中の表示が見られることを示した。ただ、それらの契機はいずれも、会話において聞き返し発話とのみ共起するわけではなく、日常的に様々な発話と共起し得る。したがって、聞き返し発話以外の発話の場合に、それらの契機とオンライン処理とが無関係となると

---

[99] ただ、このように言葉で述べると線状的となることもあって、上記した各刺激の処理があたかも系列的に行われているような印象を与えてしまうが、次節で述べる通り、各々の刺激の処理が行われる脳における領域処理を考慮すると、むしろ、刺激の特徴ごとに特化した受容野における並列分散的処理が行われていると考える必要がある。

いったことは考えにくく、むしろ、それら契機とオンライン処理との関係は、会話における発話解釈一般に見られることであると言えよう。そのように考えると、会話における発話は、下記図 7.1 に示すように、質的に異なる情報の存在に支えられてオンラインでの処理が行われていると捉えられる。

音声会話情報
├─語用論的意味
│　…個別文脈での復元結果として発話から得られる具体的概念であり、母語話者に意識されており、指示対象として明確に捉えられている[100]。
├─オンライン処理支援情報（投射的契機＋遡及的契機）
│　…語用論的推論を引き出す情報であり、母語話者に必ずしも意識されているわけではなく、指示対象として明確に捉えられていない。
└─意味論的意味
　　…理論上の抽象的概念の場合、母語話者に必ずしも意識されているわけではなく、指示対象として明確に捉えられていない。

図 7.1　聞き返し発話のオンライン処理に関与する情報

　上記の語用論的意味とは、3.1.1「発話の意味」でも述べた通り、解釈者が具体的なコンテクスト情報に基づいた推論を駆使し突き止めようとする、発話者が当該の言葉によって伝えようとした内容であり、推論を引き出す契機となる刺激と引き出される推論との相互作用から個々の文脈で復元される具体的概念（意味表示）である。語用論的意味にはしばしば、発話者が伝えようとしたメッセージと一致していないものや、それ以上の推論的発展を必要としない十全なものになっていないようなものもあるが、解釈の主体となる母語話者にとって意識されており、指示対象として明確に捉えられている。

---

[100] 認知心理学において意識の中でもいわゆる「気づき」に対応するプロセスはアウェアネス（awareness）と呼ばれている（行場, 2002）。本研究で述べている意識とはアウェアネス（awareness）の意として用いている。認知心理学で取り上げられる意識の種類としてはアウェアネス（awareness）の他、覚醒（vigilance, arousal）や自己意識（self-consciousness）などがあるが、それら相互の関係性について統一された見解はまだ出されていない（渡邊, 2013）。

そして、オンライン処理支援情報とは、意味表示の復元に必要とされる推論を引き出す情報である[101]。個々の文脈で具体的な意味表示が復元されると、復元された意味表示の方が前景化されることから、解釈の主体となる母語話者にとって必ずしも意識されているわけではなく、指示対象として明確に捉えられていない[102]。オンライン処理支援情報における投射的契機と遡及的契機とについては、本研究が聞き返し発話に関して 4.3 で言及した通り、どちらか一方の処理のみでは、オンラインでのスムーズな解釈に支障をきたす場合も生じる。したがって、オンライン処理支援情報としては、投射的契機と遡及的契機との両者がそれぞれ独自の役割を果たしている。

　三つ目の意味論的意味とは、語用論的意味と同様に 3.1.1「発話の意味」で述べた通り、言語的刺激に記号化されている情報を指す。具体的なコンテクスト情報、すなわち、発話者が誰でいかなる意図を有し、解釈者が誰でいかなる信念を有し、どのような状況で発されるかという言語外の諸々の情報とは独立に存在する、言語体系内で有する情報である。ただ、意味論的意味に関して「理論上の抽象的概念の場合、母語話者に必ずしも意識されているわけではなく、指示対象として明確に捉えられていない」と記述していることは、オンライン処理支援情報において「意識されているわけではなく、指示対象として明確に

---

[101] 本研究のオンライン処理支援情報は、市川（2011）が提示している「実時間伝達支援情報」（市川, 2011, p. 42）を参考とした。ただし、市川（2011）の実時間伝達支援情報は、「様々なレベルの「予告情報」が含まれ、聞き手（解釈者（引用者加筆））の知覚や理解の負担を軽減するだけでなく、「真の実時間性を可能とする」本質的に重要な役割を果たしていると考える」、「音声のような実時間型の対話言語には、仮説として、対話参加者が予測可能な階層的予告機能が存在するものと考える」といった記述に示されている通り、解釈者が行う予測とは別に予告という概念によって捉えられている。一方、本研究のオンライン処理支援情報は、5.5 において感動詞の解釈者が、予測的に推論を行わせようとする発話者の意図を認識するかどうかとは独立して、予測的に推論を行うことが可能となっている点に言及しているように、あくまで解釈者の処理情報を指すものとして捉えている点で異なっている。したがって、本研究は予測が可能であることに関し、予告が存在することによるとまでは考えていない。予告が存在しなくても予測が可能であると考えるからである。ちなみに、予告の存在自体を本研究が否定しているわけではないことを断っておく。

[102] Blakemore は、談話標識と呼ばれる well や so あるいは however に対し、語の意味としての表現不可能性（descriptive ineffability）について次のように述べている。「これらの語（so や howeve などの談話標識（引用者加筆））が何を意味するかを尋ねられた母語話者は直接的な言い換えより使い方の例示によって答えようとすることが多い。さらに、母語話者は、例えば but と however のような表現が同意語であるかどうかについて、あらゆる文脈で言い換えられるかをテストしないことには判断できない。」（Blakemore, 2011, p. 3539）

捉えられていない」と記述していることとは、全く異なる意味合いを持つ。ここでいう意味論的意味が理論上の抽象的概念となる場合とは、3.1.2にあげた今井・西山（2012）が「ピアノの音が大きい。」という文について厳密な意味で述べている言語的意味のように、言うなれば「ピアノと関係Rを有する音が大きい。」といった抽象的なものとなる場合のことを指している[103]。つまり、「ピアノの音が大きい。」の語用論的意味には、《ピアノを弾いたときに生じる音が大きい》、《ピアノの蓋を叩いたときに出る音が大きい》、《ピアノを屋上から落としたときに生じる音が大きい》、《ピアノを製造している過程で生じる音が大きい》、《ピアノを引きずった時に出てくる音が大きい》《余震でピアノが振動するときの音が大きい》など、様々なものが個々の文脈に応じてあり得るが、意味論的意味とは、それら語用論的意味から中立的であると同時に、推論操作を適用することで各語用論的意味が得られるものでなければならず、上記「ピアノと関係Rを有する音が大きい。」のように非常に抽象的なものにならざるを得ない（今井・西山，2012）。ただ、そのように語用論的意味を網羅的に取り込み理論的に抽象化させたものが、会話のオンライン処理が行われている実際の場において、どれだけの母語話者に意識され、指示対象として明確に捉えられているかという点では、そういう人はむしろ稀であるように思われる。もっとも、ここで意味論的意味が「母語話者にとって常に意識されることはない」と述べているわけではない。例えば、「犬」という語の意味論的意味は、「犬」という語を知っている者にとって、その語を使用する上で意識されているであろうし、指示対象として明確に捉えられているであろう。

　母語話者にとって聞き返し発話は、第4章で具体的に示したように、問題処理の側面のみならず、様々な形でインタラクションの維持・促進に寄与するリソースとなっている。本研究は、各々のインタラクションを組織化していく過程において、発話を解釈しようとする者が言語的に明示されている情報の他、上記のオンライン処理支援情報に基づく推論を円滑に行うことにより、オンライン処理の実現が可能となっていることを述べた。

　本研究では、1.1「聞き返し発話の諸問題」において、聞き返し発話に関し、コミュニケーションストラテジーとして従来取り上げられてきた問題処理の側

---

[103] 今井・西山（2012）によると、「ピアノと関係Rを有する音が大きい」におけるRとは、「スロット（自由変項）であり、コンテクストから適当な値が入りうる位置を示している」（今井・西山，2012, p.238）と述べられている。

面のみならず、コミュニケーションの維持・促進という側面に対し、聞き返し発話がどのように寄与しているかをインタラクティブな視点から幅広く検討する必要がある、ということに言及した。その理由として、コミュニケーションの様々なありようを包括的に捉えられる枠組みを構築していく上で、コミュニケーションストラテジーの概念を拡張する必要があり、検討の視野を広げることで、これまでのコミュニケーションストラテジー研究で手薄となっているコミュニケーションの効果をあげる方策の具体化に有益な新たな知見が見出されることが期待されることをあげた。これらの点に対するフィードバックについて、図7.1「聞き返し発話のオンライン処理に関与する情報」に示した音声会話情報の位置づけをもとに以下に述べておく。

　本研究は、語用論的意味とその復元に必要とされる推論という視点から、インタラクションにおける発話解釈を考察してきた。そして、発話（の一部）が反復されているといった、言語的リソースとして比較的乏しい聞き返し発話が、個別文脈でいかに解釈され、多様なインタラクションの実現に貢献しているかということや、解釈の過程において言語・パラ言語・非言語といった異質な刺激同士が、いかに相互作用するかということを一定の範囲で解明し、成果を示すことができた。このことは、コミュニケーションストラテジーの研究において、発話解釈で扱われる情報の質を明確化する上で、語用論的視点が有効となることを示唆する。上記音声会話情報の位置づけ（図7.1）に示した意味に関する諸概念は、コミュニケーションストラテジーの先行研究において、必ずしも明確な規定のもとに扱われてきたわけではない。従来のコミュニケーションストラテジー研究では、いわゆる意思疎通の妨げ（communication break down）が問題視されることが多かったが、その際、問題視されている情報が言葉の意味として一括されることが多く、その質について、やや漠然とした区別のもとに論じられてきた。この点に関し、語用論的概念と意味論的概念との境界を明瞭にすることは、問題視されている意思疎通の妨げが、どういった質の情報を扱う上で生じているかということを、より鮮明にすることに繋がる。

　また、明確な語用論的視点は、コミュニケーションストラテジーの分析において、発話者が何をしているかだけでなく、解釈者が何をしているかを分析することにとって有効となる。語用論的概念は、端的に言えば、発話解釈を合理

的に説明する上で便利な道具である[104]。したがって、語用論的概念を押さえておくことは、コミュニケーションストラテジーの分析において、インタラクションとして何が組織化されているかという視点を組み込むことに役立つ。

さらに、コミュニケーションストラテジーの分析において、インタラクションとして何が組織化されているかを分析することは、日本語母語話者が、従来指摘されてきたような意思疎通に何かしらの問題が生じている場合だけでなく、その他、問題が生じているわけではない場合にも聞き返し発話を用い、共同による相互行為を実現している点について本研究の第4章で具体的に示したように、コミュニケーションストラテジーの概念をより汎用性のある概念へと拡張していくことに繋げていくことができる[105]。

本研究の考察の発端は、学習者にとって聞き返し発話の理解が困難となるという問題点に関し、聞き返し発話に対するオンライン処理がいかにして実現されているのかというメカニズムが不明であることを問題の本質として捉えてのことであった。よって、次節7.3では、学習者による聞き返し発話のオンライン処理の実現に有効と考えられる推論操作について検討する。

---

[104] 梅木 (2013) では、「おっ（と）」、「うーん（と）」といった感動詞につく「と」の用法に関し、日本語学を中心に従来研究されてきた引用構文としての位置づけを考察するのではなく、「我々が言語を解釈する上でいかなる処理にかかわる情報であるか」という視点から「と」に記号化されている情報の質について考察している。「と」とは、それが付く発話をメタ的に一段階対象化を高めよ、という手続き的意味が記号化されたマーカーであり、対象化されたものがどうしたのかを「と」の後ろのスロットで述べる仕組みとなっていることを指摘し、「と」の前に文のみならず、語や句、内容語から機能語（だからと言って、など）、感動詞やオノマトペ、さらには非言語行動に至るまで、いかなるものでも指示対象が同定可能という限りで置くことができることを述べている。こうした「と」の性質に基づきさらに、「と」がつく感動詞とつかない感動詞の相違や「と」がつく感動詞における「と」の有無による相違がどのようなものであり、どのように生じるかといった点について語用論的視点から具体的に示している。

[105] 日本語母語話者同士の会話では意思疎通に問題が生じている場合、完全な文形式ではなくキーワード、キーフレーズといった断片的発話による連鎖が生じることがある。それら細かく複雑な発話連鎖の組織化が行われることに関し、Umeki and Najima (2013) では、"sequence-closing third" における断片的発話とは語りの聞き手が相手の情報に対して言及することをひとまず保留する振る舞いであり、会話参与者がその位置で保留することで受け手側が参入可能であることが顕在化し、そのことが会話を組織化するリソースとなっていることを述べ、コミュニケーションストラテジーの先行研究で述べられてきたいわゆる問題処理とは異なる、聞き手の問題を相手を巻き込み協同で解決するという視点からの分析を提示している。

7.3 フィードバック

　学習者は、聞き返し発話に対するオンライン処理をいかにして実現できるようになるのであろうか。7.1「聞き返し発話のオンライン処理」で言及した通り、様々な聞き返し発話の意味表示の復元においては、受容した刺激をもとに推論をいかに働かせるかが肝要となる。しかし、推論を引き起こすもととなる各刺激に関し、それらを系列的に処理するといった形では、推論を上手く働かせることが難しいようである。というのも、推論を引き起こすもととなる各刺激は、視覚や聴覚などの感覚器官を通して受容されているが、それら器官を通じて受容された刺激が脳内でいかに処理されるかを考えてみると、各刺激が系列的な形で処理されているわけではないことによる。

　脳での知覚処理に関する研究で「その複雑な詳細が他のどの脳機能よりもよく知られている」(Ramachandran, 2011, p. 71) と言われる視覚に限定し、脳のどれぐらいの領域が関与しているかということを考えてみると、次頁の図 7.2 に示す霊長類の視覚路の構図に見られるように、30 を超える各視覚野が互いに視覚路で結合している様子が分かる[106,107]。

106　日本語による引用は山下篤子訳 (2013)『脳の中の天使』による。
107　「話を視知覚から始めるのは、その複雑な詳細がほかのどの脳機能よりもよく知られているからでもあり、また、視覚野の発達が霊長類の進化において大きく加速され、人類において頂点に達したからでもある。」(Ramachandran, 2011, p. 41.)

7．総合的考察：聞き返し発話のオンライン処理と推論操作の最適化　155

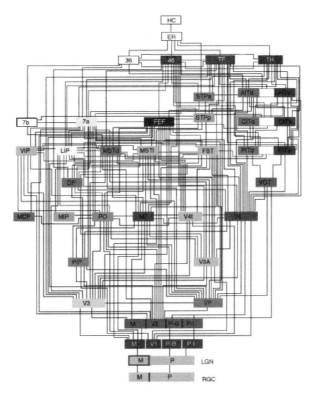

図 7.2　霊長類の視覚路の構図（Felleman & Van Essen, 1991, p.30.）

　上記図 7.2 における視覚路の結合に関し、「人間の場合はおそらくさらに複雑」（Ramachandran, 2011, p. 55）となるが、特に留意すべき点は、「処理の各段階からそれ以前の段階に戻る線維が、少なくとも各領野から上の階層に向かう線維と同じ数だけ（実際はもっと多く）存在する」（Ramachandran, 2011, p. 55）という点である。Ramachandran（2011）は、上記多数のフィードバックが存在することをもとに、視覚刺激の処理過程が段階を追った連続的な像の分析であり先に行くにしたがって高度になるという見解に対して古典的と批判している。すなわち、上記図に見られるフィードバックが何をしているのかはまだ解明されていないものの（Ramachandran, 2011）、視覚刺激の処理としては、少なくとも、異なる刺激ごとに特化した処理が並列・分散的になされているのであって、系列・一過的に処理がなされているのではないことが近年の脳科学分野での共通認識

となっている[108]。

したがって、推論を引き起こすもととなる各刺激の処理に関し、系列・一過的処理の仮定が困難な以上、どの刺激が重要かを特定することやどういう順序で行うかというアプローチが推論を上手く働かせることを考えていくにあたっては不向きとなることを意味している。なぜなら、系列・一過的処理を仮定すると、下記図 7.3 に示すように、各刺激の処理が施された後に、脳内のどこかにそれらの情報を統合する処理が必要となる。ところが、苧阪（1997）によれば、こと視覚情報に限っても、異なる知覚情報が同時的に集められ、束ねられる脳内部位は見つかっておらず、「実のところ、結び付け問題に対して脳という超並列情報処理マシンがどのような解を与えているのかは未解決の問題」（深井, 2011, p. 289）であり、そこで理論的に行き詰まってしまうからである。

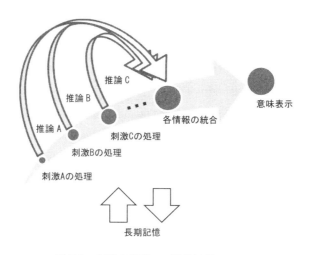

図 7.3　刺激の系列・一過的処理

むしろ、推論を上手く働かせることを考えていくにあたっては、次頁図 7.4 に示すように、ある時点で処理できた刺激をもとに引き出される推論を別の刺

---

108 「そのような逆行投射が何をしているのかは、まだ解明されていないが、私は、処理の各段階で知覚の「問題」が部分的に解けたら（例えば、対象物が何であるかが分かった、対象物の位置が分かった、動きが分かった、などの解決があったら）、脳は直ちにそれをそれ以前の段階にフィードバックするのではないかと直観している。」(Ramachandran, 2011, pp. 55-56.)

激の処理にフィードバックし、そこで新たに処理できた刺激に基づき、先に引き出された推論の妥当性を吟味するといった刺激の処理と推論の吟味との往還を繰り返しつつ、主体的に働かせる推論を主体的に最適化していく仮説・検証型アプローチが有効となると考えられる。換言すれば、刺激の処理と推論の吟味との往還とは、各刺激同士の有機的結びつきを主体的に見出していく過程として捉えられる。

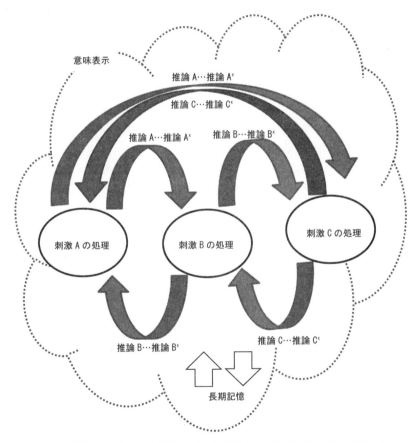

図 7.4 刺激の並列・分散的処理（＊上付き文字 X は任意の往還数を示す。）

また、各刺激同士の有機的結び付きをより広く見出していくことにとっては、

刺激の処理と推論の吟味との往還がより円滑になされるほど効果的である。ゆえに、学習者が外国語による推論処理の妥当性を高めることにとっては、学習者の母語における推論処理についてよく内省しつつ、意識化（選択的注意）を高める実践の積み重ねを通じて内在化の度合いを高めておくことにより、外国語による推論処理との比較が容易となるようにする、つまり、外国語における推論処理と母語におけるそれとの違いに、より気づき易くさせておくことが有効となると考えられる。したがって、聞き返し発話を含め、発話のオンライン処理に必要とされる推論操作の最適化とは、オンライン処理支援情報に対する意識化を高め、主体的に行う推論処理における円滑さと妥当性とを主体的に高めること、として定義できる。このことから、学習者が、いかにして聞き返し発話に対するオンライン処理を実現できるようになるかについては、発話のオンライン処理を最適化することにより可能となると言えよう。

　これまで言語教育分野においては、インタラクションで発話を処理する際に必要とされる推論の働きが言及されることはあっても、上記のように複合感覚的に受け取られる刺激の処理と推論の吟味との往還によって、各刺激同士の有機的結びつきが主体的に見出されていく過程を取り上げ、そのような過程の中で推論の円滑さと妥当性とを主体的に高めていく有益性については述べられてこなかった。会話でオンラインに行われる発話の処理は、推論の存在により、受け取った刺激だけで実現しているのではない一方、推論の契機となる様々な刺激の存在により、受け取った刺激に依存する。そうした発話を処理する際の推論メカニズムは、母語の運用において自明のこととしてあまり意識化されていないことも多い。本研究で取り上げた聞き返し発話のオンライン処理における推論メカニズムもアクドーアン・大浜（2008）による「日本人学生との会話で頻繁に見られる繰り返しの意図が十分に理解できず、それによって適切な応答に困難を感じることがある」（アクドーアン・大浜, 2008, p. 2）という言及を目にするまで、日本語母語話者である筆者自身が普段行っていることに気づいていなかった。しかし、外国語学習における大きなメリットの一つは、母語を運用する上で気付き難いデフォルト処理に改めて気づかされることがあげられる。そのことからすると、オンライン処理支援情報に対する意識化を図り、主体的に行う推論処理の円滑さと妥当性とを主体的に高めることを念頭に置いた上で、受容した刺激をもとに推論をいかに上手く働かせているかという観察から始めてみることが取り組み易く、かつ着実であると考えられる。

また、外国語による推論処理と母語によるそれとの違いに気づかせるような活動を会話指導の一環に取り入れていくことも考えられるかもしれない。ただ、これはあくまでも示唆に過ぎないことであるが、教育的応用に向けた研究成果の位置づけについては、A. 学習項目として教えることを目的に行われるものと、B. 教えること、に結果的にはなるが、需要が生じたときに提示できるように備えておくことを目的に行われるものと分けて考えておく必要があるように思われる。つまり、Bタイプは、結果的に教えることになることは同じであるけれども、それはあくまで、学習者が知りたいという欲求に応えようとするものだということである。換言すれば、Bタイプは、Aタイプのように、知りたいという学習者の欲求を抜きに指導という名目の下、トップダウンにとりあえず情報として与え、実践するといった形であっても、後で分かることから指導が可能となるような内容とは、本質的に異なるものとして扱う方が有益なのではないかということである。その理由は、日本語教育に限らず、教育的応用にかかわる研究分野で研究成果を問う議論の中で、Aタイプとして教える必要があるかどうかという点に偏重した視点から、Bタイプのような研究が開放されないからというだけでなく、教えようとする対象の「実際の姿」を包括的に解明する基礎的研究の意義が、ややもすれば過小評価されたり、基礎的研究の進展が妨げられたりすることがないようにする必要があると思われるからである。ただ、本研究では、教育的応用面に関する考察に至っておらず、上述の点に関し、提言として述べられるほど具体的な根拠を現時点では持ち合わせていない。その点については、本研究の課題であると考える。

7.4　第7章のまとめ

第7章では、第4章から第6章までの実証的考察をもとに、聞き返し発話のオンライン処理とその学習者による実現に向けた推論操作の最適化について、新たな情報区分としてオンライン処理を支援する情報を提示するとともに、コミュニケーションストラテジーの研究分野および学習者に向けたフィードバックを行った。

聞き返し発話のオンライン処理について、母語話者は、聞き返し発話と共起もしくは内在するオンライン処理支援情報により投射的あるいは遡及的に推論を引き出し、語用論的意味を見出していくことで実現している。本章では、4.3「予測的推論処理を引き起こす契機」において具体的に示した、発話（末）イントネー

ションの形状や感動詞（およびその音調）、笑い、模倣、「え：っとね：」や「そうだね：」といった言い淀み、同様の発話の繰り返しなどの検討中の表示といった、推論を引き出す契機となる刺激をオンライン処理支援情報として、語用論的意味および意味論的意味とともに聞き返し発話のオンライン処理に関与する音声会話情報の中に位置づけ、それら質的に異なる情報の存在に支えられ、聞き返し発話のオンライン処理が実現していることを述べた。

オンライン処理支援情報は、語用論的意味の復元に必要とされる推論において、その方向づけや手順といった処理を指定する証拠として、推論範囲を限定することに関与している。推論による語用論的意味の復元過程では、言語的刺激（聞き返し発話）、パラ言語的刺激（感動詞）、非言語的刺激（視線）の三者が相互作用する。言語的刺激は、推論により復元される語用論的意味の基盤として関与し、パラ言語的刺激は、推論範囲の限定に関与し、視線は、パラ言語的刺激が推論範囲を限定する際の、アドレス性の強弱における見積もりに基づいた相対的強度として関与することにより、各刺激が有機的に結び付いている。そのため、語用論的意味の復元過程は、各刺激の有機的結び付きに生じる変化が推論に影響を与えることにより、多様化する。

そして、本研究で提示した音声会話情報の位置づけからのフィードバックとして、コミュニケーションストラテジーの研究において、発話解釈で扱われる情報の質を明確化する上で、語用論的視点が有効となることに言及した。本研究で音声会話情報の位置づけとして提示した意味に関する諸概念に関し、コミュニケーションストラテジーの先行研究では、いわゆる言葉の意味として一括されることが多く、その質について、やや漠然とした区別のもとに論じられてきたことを指摘した。この点で語用論的概念と意味論的概念との境界を明瞭にすることは、これまでにもコミュニケーションストラテジーの研究で取り上げられてきた意思疎通の妨げ（communication break down）が、会話参加者にとってどういった質の情報を扱う上で生じているかをより鮮明にすることに繋がることを述べた。

また、コミュニケーションストラテジーの分析において、語用論的概念を明確に押さえておくことは、インタラクションとして何が組織化されているかという視点を分析に組み込むことに役立つことをあげ、さらに、コミュニケーションストラテジーの分析において、インタラクションとして何が組織化されているかを分析することは、本研究で日本語母語話者による聞き返し発話の使用実

態として、意思疎通の妨げが生じている場合以外にも母語話者が聞き返し発話を用い、共同による相互行為を実現していることを具体的に示したように、コミュニケーションストラテジーの概念をより汎用性のある概念へと拡張していくことに繋げていくことができることに言及した。

　そして、学習者による聞き返し発話のオンライン処理の実現に有効と考えられる推論操作に関し、脳科学分野からの知見として、異なる刺激ごとに特化した処理が並列・分散的になされていることを踏まえた上で、推論を上手く働かせるには、推論を引き起こすもととなる各刺激の処理に関し、系列・一過的処理の仮定が困難な以上、どの刺激が重要かを特定することやどういう順序で行うかというアプローチよりも、ある時点で処理できた刺激をもとに引き出される推論を別の刺激の処理にフィードバックし、そこで新たに処理できた刺激に基づき、先に引き出された推論の妥当性を吟味するといった形で刺激の処理と推論の吟味との往還を繰り返しつつ、主体的に働かせる推論を主体的に最適化していく仮説・検証型アプローチが有効と考えられることを述べた。

8. 結論

　本研究は、会話に現れる聞き返し発話のオンライン処理が困難な日本語学習者に役立てる基礎研究として、母語話者がオンライン処理を実現する上で行う推論について明らかにすることを目的に、認知語用論的アプローチの枠組みを用いて考察した。具体的には、「課題Ⅰ．実際にどのような聞き返し発話があるのか、また、それら聞き返し発話に対し予測的に行われる語用論的推論とは、どのような契機が引き起こすのか」、「課題Ⅱ．聞き返し発話に対し予測的に行われる語用論的推論において、言語的刺激とパラ言語的刺激とはどのようにかかわるのか」、「課題Ⅲ．聞き返し発話に対し予測的に行われる語用論的推論の契機は、予測的に行われる語用論的推論に対し一様に作用するのか」の三点について検討し、多様な聞き返し発話に対する母語話者のオンライン処理が、予測的推論処理とのかかわりのもと、どのような仕組みでなされているかを明示した。本章では、本研究で明らかにしたことをまとめるとともに、今後の課題について述べる。

　インタラクションに出現し、聞き返し発話のオンライン処理に必要とされる予測的推論の契機となる刺激には様々なものがある。その中でも本研究が注目したのは、感動詞であり、それによって、解釈者が後続発話を予測的に推論できるという現象である。本研究で具体的に明らかにしたのは、以下の三点である。第一に、日本人の友人同士二者間による雑談の録音データについて、「課題Ⅰ．実際にどのような聞き返し発話があるのか、また、それら聞き返し発話に対し予測的に行われる語用論的推論とは、どのような刺激が契機となり引き起こすのか」を相互行為分析の手法により検討した。それにより、聞き返し発話の意味・機能を類型化するとともに、各聞き返し発話の解釈にあたり、既出の聞き返し発話を遡及的に規定する post-inference と、未出の聞き返し発話を投射的に規定する pre-inference という異なる推論操作によって、オンライン処理が実現されることを明示した。post-inference は、それを引き出す発話（末）イントネーションの形状や発声の際立たせに対する模倣といった契機が聞き返し発話と分離せず、解釈者が予め受け取れないことから、現れた聞き返し発話を遡及的に規定する。一方、pre-inference は、それを引き出す感動詞の共起やその音調、笑い、検討中の表示といった契機が聞き返し発話と分離し、解釈者が予め受け取れる

ことから、聞き返し発話を投射的に規定する。

　第二に、「課題Ⅱ．聞き返し発話に対し予測的に行われる語用論的推論において、言語的刺激とパラ言語的刺激とはどのようにかかわるのか」を検討し、言語的発話の予測的推論処理に感動詞が関与する特質を明らかにした。聞き返し発話と共起もしくは内在する言語的・非言語的刺激の中でも感動詞は、前述のpre-inference を引き出す契機に備わる性質を最も顕著に備えている。感動詞が後続発話に対し予測的に行われる語用論的推論を引き出す点については、認知語用論的アプローチによる手続き的意味の分析でも言及されてきた。しかし、その分析には次の点で再検討すべき問題が残されていた。まず、〔ⅰ〕「手続き的意味による制約が本当に感動詞の記号化に含まれているのか」が曖昧であり、〔ⅱ〕「同一の感動詞が後続発話との関係を持つ場合と持たない場合とがいかなる条件で決定されるのか」という点で明瞭に説明されておらず、そして〔ⅲ〕「非言語的刺激と言語的刺激の双方を意図明示的なコミュニケーション（overt intentional communication）一般の性質として位置づける上で『ある者が誰かに何かしらについて意図的に明らかに知らせようとし、実際に、そうしているということを一体解釈者はいかにして知るのか』」という点で不明瞭であった。本研究は用例に基づき、〔ⅰ〕に関しては、感動詞があり、かつ後続発話がある（感動詞が後続発話との関係を持つ）場合と、同状況で感動詞のみが発話される場合との間で、感動詞のみが発話された場合にも、後続発話がある場合と同様に近似的な意味表示の復元が可能であることを示し、手続き的意味による制約が感動詞の記号化に含まれていることを検証した。〔ⅱ〕に関しては、解釈者は、後続発話の未出段階において感動詞が後続発話と関係を持つ場合と持たない場合との双方の推論が可能であり、後続発話として発話され終えた時点で、予測的に行った推論をキャンセルすることがあることを指摘した。〔ⅲ〕に関しては、認知語用論的アプローチによる、感動詞とは、概念的記号化がなされた語のように、復元される意味表示の命題構成要素とならず、発話者の感情・心理状態に関する意味表示を復元する手続きを活性化するという言及について、解釈者は、意味表示を復元する手続きを活性化する際、発話が自分に向けられている相対的な度合いを発話者のアドレス性から判定することで、発話者の意図明示性を見積もり、それを根拠に意味表示の復元へと促されることを述べた。

　第三に、「課題Ⅲ．聞き返し発話に対し予測的に行われる語用論的推論の契機は、予測的に行われる語用論的推論に対し一様に作用するのか」に関し、発話

者の視線方向により発話解釈の所要時間が異なるのかを心理言語学的実験により検討した。それにより、聞き返し発話の予測的推論処理に対する感動詞の関与が一様ではないことを実証した。

　以上の考察は、母語話者が聞き返し発話をオンラインで解釈するメカニズムとして次のように相互に結びつき、その結びつきの有様として述べていることが本研究の結論である。従来の聞き返し発話に関する研究において尾﨑（1993）が「問題処理の方策」（尾﨑，1993, p. 21）として提示している様々な発話意図や、本研究で非問題処理の方策として提示した意味・機能のそれぞれは、聞き返し発話に所与の情報として記号化されているわけではない語用論的意味である。これら語用論的意味は、感動詞を含め聞き返し発話と共起もしくは内在するオンライン処理支援情報を契機として引き出される解釈者の推論により、オンライン処理の過程で、投射的あるいは遡及的に復元される。すなわち、母語話者による聞き返し発話のオンライン処理は、言語・パラ言語・非言語による認知的相互作用の過程で、解釈者が投射的あるいは遡及的に推論を行いながら、インタラクションを通して生まれてくる語用論的意味を主体的に見出していくことによって行われる。オンライン処理支援情報による推論に対する作用は、推論の方向や手順といった処理を指定する証拠として、推論範囲を限定することに関与している。推論による語用論的意味の復元過程では、言語的刺激（聞き返し発話）、パラ言語的刺激（感動詞）、非言語的刺激（視線）が相互作用する。言語的刺激は、推論により復元される語用論的意味の基盤として関与し、パラ言語的刺激は、推論範囲の限定に関与し、視線は、パラ言語的刺激が推論範囲を限定する際の、アドレス性の強弱における見積もりに基づいた相対的強度として関与することにより、各刺激が有機的に結びついている。そのため、語用論的意味の復元過程は、各刺激の有機的結びつきに生じる変化が推論に影響を与え、多様化する、というのが本研究の結論である。

　最後に今後の課題を述べる。まず大きな点から述べると、教育的応用面に関する考察に至っておらず、指導方法など、具体的な提言として示すことができなかった点が本研究の課題であると考える。

　次に細かな点での課題として、本研究では、心理言語学的実験によって、聞き返し発話の予測的処理に対する感動詞の関与が一様とならないことを示したが、実験では感動詞を体系的に取り上げたわけではなく、「感動詞のタイプによって作用が異なるのか」という点に関し、様々な感動詞についての検証および結

果の比較が不可欠であると考える。また、本研究で取り上げた感動詞についても、異なる文脈で発された場合との比較は行っておらず、文脈による要因を統制により排除しているわけではない。そして、本研究では、発話者の視線の有無に着目し、発話解釈に対するアドレス性の見積もりの関与について検討したが、視覚的刺激と聴覚的刺激とに限っても、インタラクションに出現し、自分に向けられていると見なされる対象には、視線の他、顔の向きや身体動作など、様々な行為が含まれよう。それらアドレス性を見積もることが可能な行為のそれぞれが、どのような場合にどのような行為が注目され易いかという相互関係について、本研究では全く手つかずのまま残されている。例えば、同じ発話に関して、視線が向けられていても、顔や体が向けられていない場合や視線だけが向けられていない場合などでは、「それぞれアドレス性がどのように見積もられるのか」、また、「そのことが解釈に伴う推論にどのような違いを生じさせるのか」、といったことについて、本研究においては未解明なままである。これらの点については、インタラクションにおける複合感覚的認知メカニズムを解明していく基礎研究として、必要となる[109]。本研究はそれら課題への出発点と考える。

---

[109] 田中・積山 (2011) が述べるように、こうした分野の研究は近年のところまだ一研究分野として一般的に認知されていないようである。「学術雑誌に関しては、Experimental Brain Research 誌などいくつかの雑誌には多感覚知覚に関する実証的研究が数多く掲載されているものの、コミュニケーションの多感覚性、あるいは多感覚知覚研究に特化した専門誌は今のところ存在しない。」(田中・積山, 2011, pp. 381-382)

資料A（第4章）：会話参加者の背景

	会話参加者	最長居住地	二者の関係	録音場所
1	女（20歳、大学生） 女（20歳、大学生）	茨城県 茨城県	同じ大学、部活の部員	大学内教室
2	女（22歳、大学生） 女（22歳、大学生）	岩手県 青森県	同じ大学、学科の同級生	大学内研究室
3	男（21歳、大学生） 男（20歳、大学生）	福島県 宮城県	同じ大学、学科の同級生	大学内研究室
4	男（21歳、大学生） 男（21歳、大学生）	岩手県 福島県	同じ大学、学科の同級生	大学内研究室
5	女（20歳、大学生） 女（20歳、大学生）	山形県 山形県	同じ大学、部活の部員	大学内ロビー
6	男（19歳、大学生） 男（20歳、大学生）	岩手県 岩手県	同じ大学、学科の同級生	自宅
7	女（24歳、大学生） 女（22歳、大学生）	宮城県 青森県	同じ大学、学科の同級生	大学内研究室
8	男（21歳、大学生） 男（21歳、大学生）	福島県 三重県	同じ大学、学科の同級生	大学内研究室
9	女（21歳、大学生） 女（21歳、大学生）	岩手県 福島県	同じ大学、学科の同級生	大学内教室
10	女（20歳、大学生） 女（20歳、大学生）	岩手県 福島県	同じ大学、部活の部員	大学内研究室

資料B（第6章）：被験者の背景（f：女性、m：男性）

性別	age	職業（専門）	性別	age	職業（専門）	性別	age	職業（専門）
f1	25	学生（日本語学）	f13	20	学生（英文学）	m7	21	学生（英文学）
f2	26	学生（日本語学）	f14	20	学生（英文学）	m8	25	学生（西洋史）
f3	27	学生（医科学）	f15	21	学生（英文学）	m9	24	学生（教育学）
f4	21	学生（日本語教育学）	f16	21	学生（西洋美術）	m10	23	学生（フランス文学）
f5	21	学生（日本語教育学）	f17	22	学生（西洋美術）	m11	27	大学職員（西洋史）
f6	21	学生（日本語教育学）	f18	21	学生（言語学）	m12	24	学生（教育学）
f7	20	学生（日本語教育学）	f19	21	学生（日本語教育学）	m13	25	学生（心理学）
f8	22	学生（日本語教育学）	m1	26	日本語教師	m14	23	学生（心理学）
f9	22	学生（日本語教育学）	m2	19	学生（経済学）	m15	25	学生（比較文化史）
f10	23	学生（日本語学）	m3	22	学生（日本語学）	m16	29	大学職員（西洋史）
f11	39	日本語教師	m4	23	学生（日本語学）	m17	25	学生（西洋史）
f12	20	学生（英文学）	m5	21	学生（日本語教育学）	計36人		
			m6	21	学生（日本語教育学）			

文献

Ameka, Felix. (1992) Interjections: the universal yet neglected part of speech. *Journal of Pragmatics*. 18, pp. 101-118.

Austin, J. L. (1975) *How to do things with words*. 2nd ed. Oxford: Clarendon Press. (坂本百大（訳）(1978)『言語と行為　第2版』, 大修館書店)

Bateson, Gregory. (2000)「メタメッセージとは何か―フランス人の手ぶり―」佐藤良明（訳）『精神の生態学』, 新思索社 , pp. 45-50.

Blakemore, Diane. (1987) Semantic *constraints on relevance*. Oxford: Blackwell.

Blakemore, Diane. (1992) *Understanding utterances*. Oxford: Blackwell. (武内道子・山﨑英一訳 (1994)『ひとは発話をどう理解するか』, ひつじ書房)

Blakemore, Diane. (1994) Echo question: A pragmatic account. *Lingua*. 94, pp. 197-211.

Blakemore, Diane. (2002) *Relevance and linguistic meaning: The semantics and pragmatics of discourse markers*. Cambridge: Cambridge University Press.

Blakemore, Diane. (2011) On the descriptive ineffability of expressive meaning. *Journal of Pragmatics*. 43, pp. 3537-3550.

坊農真弓 (2001)「プロソディからみた「うん」と「そう」」, 定延利之（編）『「うんと「そう」の言語学』, ひつじ書房 , pp. 113-126.

坊農真弓 (2008)『日本語会話における言語・非言語表現の動的構造に関する研究』, ひつじ書房 .

坊農真弓・高梨克也（編）(2009)『多人数インタラクションの分析手法』, 人工知能学会 .

Britton, B. K., Glynn, S. M., Meyer, B. J. F. & Penland, M. J. (1982) Effects of text structure on use of cognitive capacity during reading. *Journal of Educational psychology*. 74, pp. 51-61.

Brown, Gillian., & Yule, George. (1983) *Teaching the spoken language*. Cambridge: Cambridge University Press.

Brown, Penelope., & Levinson, S. C. (1987) *Politeness: Some universals in language usage*. Cambridge: Cambridge Universtiy Press.

Calvo, M. G., & Castillo, M. D. (1998) Predictive inferences take time to develop. *Psychological Research*. 61, pp. 249-260.

Calvo, M. G., Castillo, M. D., & Estevez, Adelina. (1999) On-line predictive inferences in reading: processing time during versus after the priming context. *Memory & Cognition*. 27, pp. 834-843.

キャンベル, ニック (1997)「プラグマティック・イントネーション」音声文法研究会（編）『文法と音声』, くろしお出版, pp. 55-74.

Canale, Michael. (1983) From communicative competence to communicative language pedagogy. In J. C. Richards, & R. W. Schmidt (Eds.), *Language and communication*. Longman, pp. 2-27.

Caron, Jean., Micko, H. C., & Thuring, Manfred. (1988) Conjunctions and the recall of composite sentences. *Journal of Memory and Language*. 27, pp. 128-147.

Carston, Robin. (2002) *Thoughts and utterances: The pragmatics of explicit communication*. Oxford: Blackwell. （内田聖二他訳 (2008)『思考と発話―明示的伝達の語用論―』, 研究社）

Clark, H. H. (1996) *Using language*. Cambridge: Cambridge University Press.

Clark, H. H., & Fox Tree, J. E. (2002) Using *uh and um* in spontaneous speaking. *Cognition*. 84, pp. 73-111.

Felleman, D. J., & Van Essen, D. C. (1991) Distributed hierarchical processing in the primate cerebral cortex. *Cereb Cortex 1*, pp. 1-47.

榎本美香 (2007)「発話末要素の認知と相互作用上の位置づけ」串田秀也・定延利之・伝康晴（編）『シリーズ文と発話第 3 巻 時間の中の文と発話』, ひつじ書房, pp. 203-229.

榎本美香・伝康晴 (2011)「話し手の視線の向け先は次話者になるか」『社会言語科学』14 (1), pp. 97-109.

Eun Ju, Noh. (1995) Echo questions: A pragmatic approach to echo questions. *UCL Working Papers in Linguistics*. 7, pp. 107-140.

Eun Ju, Noh. (1998) Echo questions: Metarepresentation and pragmatic enrichment. *Linguistics and Philosophy*. 21, pp. 603-628.

Fincher-Kiefer, Rebecca. (1995) Relative inhibition following the encoding of bridging and predictive inferences. *Journal of Experimental Psychology: Learning, Memory and Cognition*. 21, pp. 981-995.

Fincher-Kiefer, Rebecca. (1996) Encoding differences between bridging and predictive inferences. *Discourse Processes*. 22(3), pp. 225-246.

Ford, C. E., Fox, B. A., & Thompson, S. A. (1996) Practices in the construction of turns:

the "TCU" revisited. *Pragmatics*. 6(3), pp. 427-454.

深井朋樹（2011）「第6章 脳はどのように情報を伝えるか」理化学研究所脳科学総合研究センター（編）『脳研究の最前線　上』, 講談社, pp. 281-331.

Gibbs, Jr., R. W., & Colston, H. L. (2012) *Interpreting figurative meaning*. Cambridge: Cambridge University Press.

Gibbs, Jr., R. W., & Moise, J. F. (1997) Pragmatics in understanding what is said. *Cognition*. 62, pp. 51-74.

Gibbs, Jr., R. W. (1999a) Speakers' intuitions and pragmatic theory. *Cognition*. 69, pp. 355-359.

Gibbs, Jr., R. W. (1999b) Interpreting what speakers say and imolicate. *Brain and Language*. 68, pp. 466-485.

Gibbs, Jr., R. W. (2002) A new look at literal meaning in understanding what is said and implicated. Journal of Pragmatics. 34, pp. 457-486.

Goffman, Erving. (1974) *Frame analysis*. New York: Harper and Row.

Goodwin, Charles. (1980) Restarts, pauses, and the achievement of a state of mutual gaze at turn-beginning. *Sociological Inquiry*. 50, pp. 272-302.

Goodwin, Charles. (1987) Forgetfulness as an interactive resource. *Social Psychology Quarterly*. 50(2), pp. 115-131.

Graesser, A. C., Singer, Murray., & Trabasso, Tom. (1994) Constructing inferences during narrative text comprehension. *Psychological Review*. 101, pp. 371-395.

Grice, H. P. (1957) Meaning. *Philosophical Review*. 66, pp. 377-388.

Grice, H. P. (1989) *Studies in the way of words*. Cambridge, Massachusetts: Harvard University Press.（清塚邦彦訳（1998）『論理と会話』, 勁草書房）

Gumperz, J. J. (1982) *Discourse strategies*. Cambridge: Cambridge University Press.（井上逸兵・出原健一・花﨑美紀・荒木瑞夫・多々良直弘訳（2007）『認知と相互行為の社会言語学―ディスコース・ストラテジー―　第2版』, 松柏社）

行場次朗（2002）「視覚的補完現象におけるアウェアネスとクオリアの心理物理学的検討」『基礎心理学研究』21（1）, pp. 63-68.

Haberlandt, Karl. (1982) Reader expectations in text comprehension. In J. -F. Le Ny., & W. Kintch (Eds.), *Language and comprehension*. Amsterdam: North-Holland, pp. 239-249.

濱田康弘・北村達也・赤木正人（2010）「fMRIによる感動詞「ええ」呈示時の

脳活動測定」『日本音響学会研究発表会講演論文集』, pp. 595-598.
Hamblin, J. L., & Gibbs, R. W., Jr. (2003) Processing the meanings of what speakers say and implicate. *Discourse Processes*, 35(1), pp. 59-80.
畠弘巳（1988）「外国人のための日本語会話ストラテジーとその教育」『日本語学』3, pp. 100-117.
Hayashi, Makoto. (2004) Projection and grammar: Notes on the 'action-projectiing' use of the distal demonstrative are in Japanese. *Journal of Pragmatics*. 36, pp. 1337-1374.
林里香（2008）『接触場面における聞き返しの言語管理』（博士論文, 千葉大学）
堀口純子（1988）「コミュニケーションにおける聞き手の言語行動」『日本語教育』64, pp. 13-26.
堀内奈美（2001）「会話における「くり返し」の発話について」『龍谷大学国際センター研究年報』10, pp. 19-32.
市川熹（2011）『早稲田大学学術叢書18　対話のことばの科学—プロソディが支えるコミュニケーション—』早稲田大学出版部．
池田伸子（2003）「ビジネス会話における「聞き返し」ストラテジーの使用傾向—ビジネス日　本語教育用教材開発の基礎として—」『広島大学留学生センター紀要』13, pp. 37-45.
今井邦彦・西山佑司（2012）『ことばの意味とは何だろう—意味論と語用論の役割—』岩波書店．
猪原敬介・堀内孝・楠見孝（2008）「文章理解における文脈制約が下位目標・上位目標・因果的前提の推論に及ぼす影響」『認知心理学研究』5（2）, pp. 141-152.
犬飼隆（1993）「韻律的特徴に見る感動詞と終助詞の呼応」文部省重点領域研究「日本語音声」研究成果報告書『音声文法の試み』, pp. 34-47.
井関龍太・海保博之（2002）「その推論はオンラインか—談話理解におけるオンライン推論の方法論的・理論的考察—」『筑波大学心理学研究』24, pp. 83-97.
石田（猪狩）美保（2002）「韓国語を母語とする日本語学習者による「聞き返し」の使用」横浜国立大学留学生センター紀要 9, pp. 79-92.
石黒圭（2008）『日本語の文章理解過程における予測の型と機能』, ひつじ書房．
伊藤俊一・阿部純一（1988）「文章理解における接続詞の働き」『心理学研究』59（4）,

pp. 241-247.

伊藤俊一・阿部純一（1991）「接続詞の機能と必要性」『心理学研究』62（5），pp. 316-323.

岩淵悦太郎（編・監修）（1960）『国立国語研究所報告18　話しことばの文型（1）—対話資料による研究—』，国立国語研究所．

岩井千秋（2000）『第二言語使用におけるコミュニケーション方略』，渓水社．

Iwata, Seizi. (2003) Echo questions are interrogatives?: Another version of a metarepresentational analysis. *Linguistics and Philosophy*. 26, pp. 185-254.

Jakobson, Roman. (1943) *Essais de linguistique générale*. Copenhague: Munksgaard.（川本茂雄（監）田村すゞ子・村崎恭子・長嶋善郎・中野直子訳（1973）『一般言語学』, みすず書房）．

Kamachi, Miyuki., Bruce, Vicki., Mukaida, Shigeru., Gyoba, Jiiro., Yoshikawa, Sakiko., & Akamatsu,Shigeru. (2001) Dynamic properties influence the perception of facial expressions. *Perception*. 30, pp. 875-887.

片桐恭弘・下嶋篤・Marc, Swerts・小磯花絵（1999）「対話における繰り返し応答の韻律と機能」音声文法研究会（編）『文法と音声Ⅱ』, くろしお出版, pp. 19-39.

川上蓁（1956）「文頭のイントネーション」『国語学』25, pp. 21-30.

川上蓁（1963）「文末などの上昇調について」『国語研究』16, pp. 25-46.

Kendon, Adam. (1967) Some functions of gaze-direction in social interaction. *Acta Psychologica*. 26, pp. 22-63.

喜多壮太郎（2002）「人はなぜジェスチャーをするのか」齋藤洋典・喜多壮太郎（編）『ジェスチャー・行為・意味』, 共立出版, pp. 1-23.

桐田隆博（1993）「表情を理解する」吉川佐紀子・益谷真・中村真（編）『顔と心—顔の心理学入門—』, サイエンス社, pp. 197-221.

甲田直美（1999）「文脈と関連性—関連性理論の検討—」『滋賀大学教育学部紀要　Ⅱ人文科学・社会科学』49, pp. 51-64.

甲田直美（2001）『談話・テクストの展開のメカニズム—接続表現と談話標識の認知的考察—』, 風間書房．

熊谷智子（2005）「談話構造」日本語教育学会（編）『新版　日本語教育辞典』, 大修館書店, p. 335.

熊谷智子・木谷直之（2009）「発話のくり返し，語りの重ね合い—三者面接調査

における共感表出行動―」『待遇コミュニケーション研究』6, pp. 65-80.

串田秀也（2005）「参加の道具としての文―オーバーラップ発話の再生と継続―」串田秀也・定延利之・伝康晴（編）『シリーズ文と発話第 1 巻　活動としての文と発話』, ひつじ書房 , pp. 35-65.

串田秀也・定延利之・伝康晴「録音・録画データの共通転記記号」串田秀也・定延利之・伝康晴（編）『シリーズ文と発話第 1 巻　活動としての文と発話』, ひつじ書房 , シリーズまえがき : xi-xxi.

許挺傑（2012）「会話分析を通してのコミュニケーション・ストラテジーの再考察」『筑波応用言語学研究』19, 筑波大学人文社会科学研究科 , pp. 87-101.

許挺傑（2013）「接触場面における日本語学習者の聞き返し連鎖についての一考察―聞き返し連鎖定義の再検討と学習者の使用実態―」『筑波応用言語学研究』20, 筑波大学人文社会科学研究科 , pp. 16-29.

Lerner, G. H. (2003) Selecting next speaker: The context-sensitive operation of a context-free organization. *Language in Society*, 32, pp. 177-201.

Maclay, Howard., & Osgood, Charles. (1959) Hesitation phenomena in spontaneous English speech. *Word*. 15(1), pp. 19-44.

前川喜久雄（1996）「韻律によるパラ言語情報の表出に関する準備的考察」『音声言語情報処理』13（6）, pp. 31-36.

前川喜久雄（1997a）「音声による情報伝達のメカニズム」『日本語学』16（11）, pp. 95-105.

前川喜久雄（1997b）「日本語疑問詞疑問文のイントネーション」音声文法研究会（編）『文法と音声』, くろしお出版 , pp. 45-53.

前川喜久雄（1999）「韻律とコミュニケーション」『日本音響学会誌』55（2）, pp. 119-125.

前川喜久雄・北川智利（2002）「音声はパラ言語情報をいかに伝えるか」『認知科学』9（1）, pp. 46–66.

前川喜久雄（2005）「パラ言語情報」日本語教育学会（編）『新版　日本語教育辞典』, 大修館書店 , p. 26.

牧野成一（1980）『くり返しの文法―日・英語比較対照―』, 大修館書店 .

益岡隆志（1991）『モダリティの文法』くろしお出版 .

McNeill, David. (1992) *Hand and mind*. Chicago: The University of Chicago Press.

Millis, K. K., & Just, M. A. (1994) The influence of connectives on sentence comprehension. *Journal of Memory and Language*. 33, pp. 128-147.

Millis, K. K., Graesser, A. C., & Haberlandt, Karl. (1993) The impact of connectives for memory for expository texts. *Applied Cognitive Psychology*. 7, pp. 317-339.

南不二男（1985）「質問文の構造」『朝倉日本語新講座―文法と意味Ⅱ―』, 朝倉書店, pp. 39-74.

森恵里香・前原かおる・大浜るい子（1999）「ターン譲渡の方略としての「繰り返し」と「問い」『広島大学日本語教育学科紀要』9, pp. 41-49.

森山卓郎（1997）「一語文とそのイントネーション」音声文法研究会（編）『文法と音声』, くろしお出版, pp. 75-96.

森山卓郎（2001）「終助詞「ね」のイントネーション―修正イントネーション制約の試み―」音声文法研究会（編）『文法と音声Ⅲ』, くろしお出版, pp. 31-54.

森山卓郎（2004）「引き延ばし音調について」音声文法研究会（編）『文法と音声Ⅳ』, くろしお出版, pp. 231-255.

森山卓郎（2008）「談話におけるエコー表現―相手の発話を受ける「ね」「ねえ」「か」を中心に―」串田秀也・定延利之・伝康晴（編）『シリーズ文と発話第2巻「単位」としての文と発話』, ひつじ書房, pp. 27-44.

モルタイ, テンチャローン（2008）「接触場面における日本語学習者と日本語母語話者の「聞き返し」の使用について」『社会言語科学会第21回大会発表論文集』, pp. 344-347.

村上かおり（1997）「日本語母語話者の「意味交渉」に非母語話者との接触経験が及ぼす影響―母語話者と非母語話者とのインターアクションにおいて―」『世界の日本語教育』7, pp.137-155.

邑本俊亮（1998）『文章理解についての認知心理学的研究―記憶と要約に関する実験と理解過程のモデル化―』, 風間書房.

Murray, J. D. (1995) Logical connectives and local coherence. In R. F. Lorch, Jr., & E. J. O'Brien (Eds.), *Sources of coherence in reading*. Hillsdale, New Jersey: Lawrence Erlbaum Associates, pp. 107-125.

名嶋義直（2007）『ノダの意味・機能―関連性理論の観点から―』くろしお出版.

中野良樹・伊藤由美（2009）「感動詞「エー」を表出した表情と音声に対するマルチモーダルな感情認知」『感情心理学研究』16（3）, pp. 195-208.

中田智子（1991）「会話にあらわれるくり返しの発話」『日本語学』10,

pp. 52-62.

中田智子（1992）「会話の方策としてのくり返し」『国立国語研究報告集 13（国立国語研究所研究報告 104）』, 秀英出版, pp. 267-302.

中山晶子（1997）「親しさの変化とコミュニケーション」『日本語教育論集—小出詞子先生退職　記念—』, 凡人社, pp. 509-521.

中山晶子（2003）『親しさのコミュニケーション』, くろしお出版.

Nishikawa, Mayumi. (2010) *A cognitve approach to English interjections*. 英宝社.

西山佑司（1999）「語用論の基礎概念」大津由紀雄他（編）『岩波講座言語の科学 7　談話と文脈』, 岩波書店, pp. 1-56.

西阪仰（2007）「繰り返して問うことと繰り返して答えること—次の順番における修復開始の一側面—」『研究所年報』37, pp. 133-143.

仁田義雄（1991）『日本語のモダリティと人称』, ひつじ書房.

岡秀夫（2003）「コミュニケーション方略」小池生夫他（編）『応用言語学事典』, 研究社, pp. 49-50.

大野陽子（2003）「初級日本語学習者のコミュニケーション・ストラテジー—「発話のストラテジー」使用についての考察—」『三重大学留学生センター紀要』5, pp. 55-65.

大野陽子（2004）「中級日本語学習者の「発話のストラテジー」使用についての考察」『三重大学留学生センター紀要』6, pp. 83-93.

大津友美（2004）「親しい友人同士の会話におけるポジティブ・ポライトネス—「遊び」としての対立に注目して—」『社会言語科学』6（2), pp. 44-53.

大津友美（2006）『親しい友人同士の雑談における親しさ表示行動—会話参加者間の共同作業を通じた親しさの演出—』(博士論文, 名古屋大学).

苧阪直行（1997）「Ⅰ.脳と意識：最近の研究動向—脳と視覚的アウェアネス—」苧阪直行（編）『脳と意識』朝倉書店, pp. 1-44.

尾﨑明人（1981）「上級日本語学習者の伝達能力について」『日本語教育』45, pp.45-52.

尾﨑明人（1992）「「聞き返し」のストラテジーと日本語教育」カッケンブッシュ寛子他（編）『日本語研究と日本語教育』名古屋大学出版会, pp. 251-263.

尾﨑明人（1993）「接触場面の訂正ストラテジー——「聞き返し」の発話交換をめぐって—」『日本語教育』81, pp. 19-29.

尾﨑明人（1996）「会話教育シラバス再考—会話の展開と問題処理の技術を

中心として―」『日本語・日本文化論集』4, 名古屋大学留学生センター, pp. 119-135.

尾﨑明人（2001a）「接触場面における在日ブラジル人の「聞き返し」とその回避方略」『社会言語科学』4, pp. 81-90.

尾﨑明人・椿由紀子（2001b）「電話会話における初級日本語学習者の「聞き返し」と「聞き返し回避」」『日本語・日本文化論集』9, pp. 25-45.

プナル, アクドーアン・大浜るい子（2008）「日本語会話とトルコ語会話に見られる繰り返しとその応答について―依頼場面を中心に―」『日本語教育』137, pp. 1-10.

Ramachandran, V. S. (2011) *The tell-tale brain: A neuroscientist's quest for what makes us human*. New York: W W Norton & Company Inc. （山下篤子訳（2013）『脳の中の天使』, 角川書店）

Recanati, François. (1987) *Meaning and force: The pragmatics of performative utterances*. Cambridge: Cambridge University Press.

Sacks, Harvey., Schegloff, E. A., & Jefferson, Gail. (1974) A simplest systematics for the organization of turn-taking for conversation. *Language*. 50(4), pp. 696-735.

定延利之・田窪行則（1995）「談話における心的操作モニター機構―心的操作標識「ええと」「あのー」―」『言語研究』108, pp. 74-93.

定延利之（2002）「「うん」と「そう」に意味はあるか」定延利之（編）『「うん」と「そう」の言語学』, ひつじ書房, pp. 75-112.

定延利之（2004）「日本語のりきみ：準備的考察」音声文法研究会（編）『文法と音声Ⅳ』, くろしお出版, pp. 35-52.

定延利之（2005）「「表す」感動詞から「する」感動詞へ」『月刊言語』34（11）, 大修館書店, pp. 33-39.

定延利之（2009）「日本語コミュニケーションにおける信念変更を顕在化させる感動詞の義務性」『ヒューマンインタフェース学会研究報告集』11（2）, pp. 113-116.

定延利之（2012）「ジェスチャーとしての感動詞と終助詞」『日本語学』31（3）, 明治書院, pp. 40-51.

定延利之（2013）「〔書評〕市川　熹著『対話のことばの科学―プロソディが支えるコミュニケーション―』『日本語の研究』9（1）, p. 22-27.

才田いずみ・小松紀子・小出慶一（1983）「表現としての注釈―その機能と位置

づけ―」『日本語教育』52, pp. 19-31.

佐久間鼎（1995）『日本語の特質　復刻版　解題清水康行』くろしお出版.

西條美紀（1998）「接触場面におけるメタ言語的方略の有用性―発話理解の問題を解決する学習者方略についての実証的研究―」『世界の日本語教育』8, pp. 99-119.

Schegloff, E. A. (1987) Recycled turn beginnings: A precise repair mechanism in conversation's turn-taking organization. In Graham Button., & J. R. E. Lee (Eds.), *Talk and social organization.*, Multilingual Matters, pp. 70-85.

Schegloff, E. A. (1996) Turn organization: One intersection of grammar and interaction. In Elinor Ochs, E. A. Schegloff., & S. A. Thompson (Eds.), *Interaction and grammar*. Cambridge: Cambridge University Press, pp. 52-133.

Searle, J. R. （1969）*Speech acts, An essay in the philosophy of language*. Cambridge: Cambridge University Press.（坂本百大・土屋俊訳（1986）『言語行為：言語哲学への試論』, 勁草書房）

Shannon, C. E., & Weaver, Warren. (1949) *The mathematical theory of communication*. Urbana: University of Illinois Press.

篠崎晃一（2006）『コミュニケーション場面における非言語・パラ言語・コードスイッチングの機能分析』（科学研究費補助金基盤研究 C 研究成果報告書：研究課題番号 16520248），篠崎晃一（研究代表者），首都大学東京都市教養学部.

Sperber, Dan., & Deirdre, Wilson. (1995) *Relevance: Communication and cognition*. 2nd ed. Oxford: Blackwell.（内田聖二他訳（1999）『関連性理論：伝達と認知　第 2 版』, 研究社）

須藤潤（2008）『音声的特徴から見た日本語感動詞の機能』（博士論文, 大阪大学（旧大阪外国語大学））.

杉戸清樹（1983）「待遇表現としての言語行動―注釈という視点―」『日本語学』2（7），明治書院, pp. 32-47.

杉藤美代子・犬飼隆・定延利之（1997）「文の構造とプロソディー」音声文法研究会（編）『文法と音声 I 』, くろしお出版, pp. 3-20.

杉藤美代子（2001）「終助詞「ね」のイントネーション」音声文法研究会（編）『文法と音声III』, くろしお出版, pp. 3-16.

杉山ますよ（2001）「情報伝達における「くり返し」―特定の文脈において―」『群

馬大学留学生センター論集』1, pp. 25-36.
杉山ますよ（2002）「くり返しの形状・分布と機能」『別科論集』4, pp. 67-87.
鈴木ゆかり（2000）「小学生は文を理解・記憶する場合にオンラインで推論を働かせているか？」『教育心理学研究』48, pp. 1-11.
高梨克也（2002）「会話連鎖の組織化過程における聞き手デザインの機能」『社会言語科学会第10回研究大会予稿集』, pp. 191-196.
高梨克也（2007）「進行中の文に対する聞き手の漸進的文予測のメカニズムの解明」串田秀也・定延利之・伝康晴（編）『シリーズ文と発話第3巻　時間の中の文と発話』, ひつじ書房, pp. 159–202.
竹原卓真（2007）『SPSSのススメ1‐2要因の分散分析をすべてカバー』, 北大路書房.
田窪行則（1992）「談話管理の標識について」文化言語学編集委員会（編）『文化言語学その提言と建設』, 三省堂, pp. 1110-1097.
田窪行則（2005）「感動詞の言語学的位置付け」『言語』34（11）, pp. 14-21.
田窪行則・金水敏（1997a）「応答詞・感動詞の談話的機能」音声文法研究会（編）『文法と音声』, くろしお出版, pp. 257-279.
Takubo, Yukinori., & Satoshi Kinsui. (1997b) *Discourse management in terms of mental spaces. Journal of Pragmatics*. 28, pp. 741-758.
田中章浩・積山薫（2011）「特集「多感覚コミュニケーション」の編集にあたって」『認知科学』18（3）, pp. 381-386.
Tanaka, Hiroko. (1999) *Turn-taking in Japanese conversation: A study in grammar and interaction*. Amsterdam/Philadelphia: John Benjamins publishing campany.
田中望・姉歯浩美・河東郁子（1986）「外国人の日本語行動：聞き取りのコミュニケーション・ストラテジー」『言語生活』418, pp. 62-71.
田中敏（1982）「日本語発話における有声休止の2重機能」『心理学研究』53（1）, pp. 46-49.
田中妙子（1997）「会話におけるくり返し―テレビ番組を資料として―」『早稲田大学日本語研究教育センター紀要』9, pp. 47-67.
Tannen, Deborah. (1984) *Conversational style: Analyzing talk among friends*. Norwood, N.J., Ablex publishing Corporation.
Tannen, Deborah. (1989) *Talking voices*. Cambridge: Cambridge University Press.
Tannen, Deborah (Ed.) (1993) *Framing in discourse.* New York: Oxford University

Press.

谷口すみ子 (1989)「会話教育のシラバス作りに向けて―会話の技術のリスト試案―」『日本語教育』68, pp. 259-267.

時枝誠記 (1950)『日本語文法口語篇』, 岩波書店.

Tomasello, Michael. (2003) *Constructing a language: A usage-based theory of language acquisition*. Cambridge: Harvard University Press.（辻幸夫・野村益寛・出原健一他（訳）(2008)『ことばをつくる―言語習得の認知言語学的アプローチ―』, 慶応義塾大学出版会）

トムソン木下千尋 (1994)「初級日本語教科書と「聞き返し」のストラテジー」『世界の日本語教育』4, pp. 31-43.

冨樫純一 (2001)「情報の獲得を示す談話標識について」『筑波日本語研究』6, pp. 19-41.

冨樫純一 (2002)「談話標識「ふーん」の機能」『日本語文法』2 (2), 日本文法学会, pp. 95-111.

冨樫純一 (2005a)「「へえ」「ほう」「ふーん」の意味論」『言語』34 (11), pp. 22-29.

冨樫純一 (2005b)「驚きを伝えるということ―感動詞「あっ」と「わっ」の分析を通して―」, 串田秀也・定延利之・伝康晴（編）『文と発話1　活動としての文と発話』, ひつじ書房, pp. 229-251.

冨樫純一 (2005c)「肯定・検索・問い返し―感動詞「ええ」の統一的記述を求めて―」『文藝言語研究　言語篇』48, pp. 77-93. 筑波大学大学院人文社会科学研究科文芸・言語専攻.

椿由紀子 (2011)「コミュニケーション・ストラテジーとしての「聞き返し」教育―実際場面で使用できる「聞き返し」をめざして―」『日本語教育』147, pp. 97-111.

梅木俊輔 (2009)「ターン管理と発話連鎖への期待に関する一考察―韓日接触場面における情報要求場面を中心に―」『言語科学論集』13, 東北大学大学院文学研究科言語科学専攻, pp. 71-82.

梅木俊輔 (2011)「エコー型聞き返しの発話機能と発話末イントネーションとの関係」『日本語／日本語教育研究』2, ココ出版, pp. 119-136.

Umeki, Shunsuke., & Najima, Yoshinao. (2013) Behavior in 'sequence-closing third': "Why they don't say that I don't know what to say?", 13th International Pragmatics Conference, India Habitat Centre, Working papers submitted for poster presentation, p. 336.

梅木俊輔（2013）「感動詞への「と」の付加をめぐる語用論的意味に関する覚書」『言語科学論集』17, 東北大学大学院文学研究科言語科学専攻, pp. 73-84.

梅木俊輔（2014）「聞き手の発話解釈に感動詞が関与する程度差について―暗示的意味を中心に―」『文化』77（3・4）, 東北大学文学会, pp. 35-52.

Watanabe, Michiko. (2009) *Features and roles of filled pauses in speech communication: A courpus-based study of spontaneous speech.*, Hituzi Linguistics in English.

渡邊克己（2013）「意識・無意識」日本認知心理学会（編）『認知心理学ハンドブック』, 有斐閣ブックス, pp. 16-17.

Wharton, Tim. (2009) *Pragmatics and non-verbal communication*. Cambridge: Cambridge University Press.

Wierzbicka, Anna. (1992) The semantics of interjection. *Journal of Pragmatics*. 18, pp. 159-192.

Wilkins, D. P. (1992) Interjections as deictics. *Journal of Pragmatics*. 18, pp. 119–158.

Wilson, Deirdre. (2006) The pragmatics of verbal irony: Echo or pretence? *Lingua*. 116, pp. 1722-1743.

Wilson, Deirdre., & Dan Sperber. (1993) Linguistic form and relevance. *Lingua*. 90, pp. 1-25.

Wilson, Deirdre., & Tim Wharton. (2006) Relevance and prosody. *Journal of Pragmatics*. 38, pp. 1559-1579.

山田孝雄（1936）『日本文法學概論』宝文館出版.

山根智恵（2003）『日本語談話におけるフィラー』, くろしお出版.

柳瀬陽介（2006）『第二言語コミュニケーション力に関する理論的考察：語教育内容への指針』渓水社, pp. 107-108.

吉嵜志保・蒲池みゆき・箱田裕二・赤松茂（2000）「視線が表情認知に与える影響」『信学技報』HIP99-67, pp. 19-24.

あとがき

　本研究は、2015 年 3 月に東北大学大学院文学研究科から学位認定をうけた博士論文に若干の修正を加えたものである。

　本研究の執筆においては、多くの方々からご指導とご協力を賜った。博士課程在籍時の指導教員である名嶋義直先生は、つねに本質的な問いを投げかけてくださり、本研究の根幹部分を鍛えてくださった。言葉の研究の面白さや難しさばかりでなく、研究に向き合う姿勢やその楽しさを教えていただき、修士課程の入学当初より、ともすれば、思いつきの尻切れトンボになりがちな筆者を見放すことなく、ときには叱咤激励し、最後まで導いてくださった先生に心から感謝を申し上げる。才田いずみ先生には、研究の構想の段階から有益な指導とご助言をいただいた。折にふれ、学習者の言葉に目を向ける大切さを思い起こさせてくださり、終始暖かく、筆者の研究を励ましてくださった。田中重人先生には、方法論、統計的分析手法に関してご指導いただき、実験デザインやデータ分析について多くの助言をいただいた。助川泰彦先生には、音声資源の活用法をはじめとし、研究全般を通じ多角的な視点からご意見をいただいた。甲田直美先生は、博士論文の公開審査会の場で貴重なコメントを丁寧にしてくださった。そして、張麟声先生は、筆者の研究に関心をお寄せくださり、博士論文に対し丁寧なコメントをくださるとともに、日中言語文化出版社からの本研究の出版を薦めてくださった。上記の先生方に心より感謝を申し上げる。多くの課題を残す本研究ではあるが、これを出発点として位置づけ、これからの教育、研究に精進してゆく所存である。

　さらに本研究の調査には、多くの留学生、日本人学生の方々に協力していただいた。会話の録音や実験データの収集に関する協力依頼に快く応じてくださった方々には、改めて感謝の意を表す。

　出版にあたっては、日中言語文化出版社の関谷一雄さん、中村奈々さん、森田雪乃さんにお骨折りをいただいた。心よりお礼を申し上げたい。

　最後に、筆者の意志を尊重し、私を支えてきてくれた妻と両親に感謝の意を記す。

2019 年 6 月

梅木　俊輔

著者紹介

梅木　俊輔（うめき・しゅんすけ）
大阪府出身。独立行政法人国立高等専門学校機構仙台高等専門学校総合工学科助教。2015年、東北大学大学院文学研究科博士後期課程修了。博士（文学）。東北大学文学部助教、国際医療福祉大学留学生別科／国際交流センター助教を経て、現職。

主要著作・論文
「Greetings」（共編著，Tohoku University Survival Japanese Program.，東北大学出版会，2017年），「聞き手の発話解釈に感動詞が関与する程度差について―暗示的意味を中心に―」（『文化』77巻3・4号，2014年），「感動詞への「と」の付加をめぐる語用論的意味に関する覚書」（『言語科学論集』17，2013年），「エコー型聞き返しの発話機能と発話末イントネーションとの関係」（『日本語／日本語教育研究』2，2011年），「ターン管理と発話連鎖への期待に関する一考察―韓日接触場面における情報要求場面を中心に―」（『言語科学論集』13，2009年）など。

索　引

ア行

合図（contextualization cues）　11~14, 55~57, 63, 65, 69, 94, 99, 101~103
アドレス性　116, 118~121, 126, 136, 137, 141, 143, 144, 146, 148, 160, 163~165
暗示的意味　67, 124~127, 131, 138, 140~146
意識化（選択的注意）　158
一義化　29
一次的感動詞　35, 36, 127
意図明示的なコミュニケーション　38, 109, 110, 121, 163
意味・機能　67, 75, 101, 105, 162, 164
意味公式　6
意味表示　9, 13~15, 22, 26, 29, 32~37, 39, 40, 45, 53, 54, 64, 67~69, 71, 72, 75, 76, 107~110, 112~115, 117, 119, 120~124, 127, 135, 136, 143, 144, 146~150, 154, 156, 157, 163
意味論的意味　15, 16, 149~151, 160
引用フォーマット　59
エコー的発話の使用（echoic use）　9~11
円滑化のストラテジー　2
オフライン推論（off-line inference）　41
音調　51, 88, 90, 101, 102, 105, 106, 114, 147, 148, 160, 162
オンライン処理　4, 7, 8, 11~15, 31, 40, 45, 47, 53, 64, 66~69, 120, 145~149, 151~154, 158~162, 164
オンライン処理支援情報　149~151, 158~160, 164
オンライン推論（on-line inference）　40, 41

カ行

解釈の方向づけ　124, 127, 137, 146
解読　17, 56, 57, 123, 147
概念的意味　31, 32
概念的意味表示　34
概念的意味表象　40
会話スタイル（conversational style）　55, 56
会話の推意（conversational implicature）　29
会話分析　54, 55
拡充　29
活性化　11, 13, 34, 39, 40, 107, 115, 120, 121, 137, 163
仮定的想定　30, 125
完結可能点（possible completion point）　58~62
慣習的推意（conventional implicature）　29
関連性　25~29, 31, 33, 40, 43, 118, 136

関連性理論
　　16, 25, 26, 29, 65, 66, 125, 136
聞き返し発話　　1, 3~14, 31, 45, 64~68,
　　70~73, 75~91, 93~97, 99~103, 105, 106,
　　112~114, 120~122, 137, 145~154, 158~164
聞き返し発話の解釈者
　　　　　　　　　　4~6, 83, 87, 101
聞き手の期待（listeners's expectations）
　　　　　　　　　　　　　　　　11
聞き取り確認要求　　　　　　　　 1
キャンセル可能性　　　114, 116, 120
際立たせ　　　　56, 93, 95, 106, 162
継続催促　　　　　　　　　　　　98
系列・一過的処理　　　　　156, 161
言語的意味　　11, 16, 17, 53, 66, 151
言語的（意味）決定不十分性のテーゼ
（linguistic underdeterminacy thesis）
　　　　　　　　　　　　　　　　17
顕在化　　36, 75, 79, 85, 93, 95, 153
交互作用　　　132, 133, 138, 139, 142
交渉的機能（transactional function）
　　　　　　　　　　　　　　　　 3
高次表意（higher-level explicature）
　　　28, 29, 32, 35, 38, 39, 45, 107, 115
交流的機能（interactional function）
　　　　　　　　　　　　　　　　 3
コード化　　　　　　10, 17, 29, 32
語の意味としての表現不可能性
（descriptive ineffability）　32, 150
コミュニケーションの推論モデル
　　　　　　　　　　　　　　　　18

語用論的意味　　15, 16, 149~152, 159,
　　160, 164
語用論的推論処理　　　　　　66, 68

サ行
最適化　　　　145~147, 157~159, 161
最適の関連性の見込み（presumption
of optimal relevance）　　28, 136
雑談　　　　　3, 56, 73, 94, 105, 162
字義的意味　　5, 75, 77, 78, 89, 90, 93,
　　97, 105
刺激　　22, 27, 35~38, 44, 52, 62, 65, 67,
　　68, 70, 103, 105, 107, 109, 112, 119~121,
　　127, 129~143, 147~150, 152, 154~158,
　　160~165
志向性　　　　　　　　　　　　　97
指示付与　　　　　　　　　　　　29
視線　　38, 47, 57, 59, 63, 109, 116~118, 122,
　　126~142, 144~146, 148, 160, 164, 165
実時間　　　　　　　　51, 89, 150
実践　　　　　　　　　　158, 159
社会言語学的能力　　　　　　　　 3
終助詞　　　　　　　　　　　　　60
修復（repair）　　　　　　　　　 5
情報　　6, 11~13, 15, 21~25, 27, 28, 31, 32,
　　34, 35, 37, 40~42, 48~54, 56, 65, 66, 71,
　　72, 82~84, 88, 89, 94, 98, 107, 108, 115,
　　118, 123, 126, 135~137, 144, 146~153,
　　156, 159, 160, 164
情報意図　　　　　　　　　38, 109
情報要求文　　　　　　　　　　　 6

助動詞 60
所与 11, 164
処理コスト（処理労力） 25, 26, 28, 31, 125, 136
心的モニター 51
真理条件的意味 32
推意（implicature） 28~32, 35, 37, 125
推意仮定 31
推測 76, 87, 110, 111, 137, 142
推論範囲 147, 148, 160, 164
正の相関 141
制約 15, 31~35, 39~42, 45, 67, 107, 114, 115, 119~121, 126, 137, 146, 163
接続詞 40, 42~44, 47, 48, 64, 85, 96~99, 105
接続助詞 60, 61
前完結可能点（pre-completion point） 59~62
潜在的前完結可能点（potential pre-possible completion point） 61, 62
相互行為分析 5, 54, 55, 57, 58, 62, 67, 75, 105, 162
想定（assumption） 25~30, 33, 34, 39, 50, 58, 71, 76, 78, 107, 114, 119, 123~126, 129, 131, 135
遡及 61, 63, 65, 69, 102, 103, 105, 106, 147, 149, 150, 159, 162, 164

タ行

ターン割り当て部門（turn-allocation component） 116
単純主効果 132~134, 139, 142, 143
談話 3, 6, 13, 14, 50, 52, 54, 68, 142
談話標識 32, 33, 123, 150
談話分析 54
注釈表現 58
訂正ストラテジー 2
テクスト 42~44, 52
デコード過程（再記号化） 35~37
デフォルト処理 158
伝達意図 24, 28, 38, 109, 111, 112, 146
伝達態度 28
投射 57~63, 102, 103, 106, 108, 147, 149, 150, 156, 159, 162~164
道具の推論 41
獨立語 104

ナ行

認知環境 6
認知効果 25~28
認知語用論的アプローチ 9, 11~18, 25, 26, 28~31, 37, 47, 48, 64~66, 68, 104, 115, 120~124, 126, 162, 163

ハ行

発語内行為 29
発語内行為の力（illocutinalry force） 29
発話意図 1, 2, 7, 70, 164
発話解釈 9~11, 13, 15, 17, 18, 25, 28, 31, 65, 120~122, 124, 126, 137, 145,

発話権(ターン)　　5, 12, 52, 55, 58, 59,
　　62, 63, 79~81, 85, 89, 99, 100, 130, 116,
　　146, 149, 152, 160, 164, 165
発話行為論　　　　　　　　　29
発話処理段階　　　72, 75, 88, 105
発話の意図明示性
　　　　　120, 121, 126, 127, 137, 143, 145
発話の意味　　9, 15, 28, 29, 35, 50, 65, 75,
　　101, 107, 147, 149, 150, 154, 162
発話の言語的意味論　（linguistic semantics）　　　　　　　　17
発話末イントネーション　77, 82, 88,
　　101, 102, 105, 106, 147, 148, 159, 162
発話連鎖　　　　12, 75, 81, 153
パラ言語情報　　48, 49, 53, 79, 81,
　　84, 89~91, 100
反復要求　　　　　　　　　1, 70
表意（explicature）　　28~30, 32,
　　113, 136
表出命題　　　　　17, 29, 32, 35
分散的処理　　　　　　　148, 157
文脈（コンテクスト）　11, 13, 15~17,
　　25, 26, 29, 30, 33, 34, 41, 42, 48, 49,
　　53~55, 64, 66, 69, 105, 118, 122~125,
　　142, 148~152, 165
文脈仮定　　　　　　　　　　31
文脈含意（contextual implication）
　　　　　　　　　　　　　　26
文脈効果　　　　　　　　25~27
プロソディー　　　　　47, 59, 63

マ行

見積もり　　121, 124~127, 137, 143~146,
　　148, 160, 163~165
無声休止　　　　　　　　　　52
無標　　　　85, 90, 93, 97, 100, 102, 113
命題　　10, 11, 32, 33, 40, 42, 46, 47, 51,
　　54, 60, 71, 72, 75, 76, 78, 80~91, 93,
　　97, 100, 101, 105, 108, 114, 115, 120,
　　121, 147, 163
命題態度　　　　　　　　　29, 40
命題内容の帰属先　　　　　　10
明示的意味　　67, 124, 125, 127, 128, 131,
　　132, 135~137, 141~143, 145, 146
メタメッセージ　　　　　　　56
モダリティ表現　　　　　　　60
模倣　　93, 101, 102, 105, 106, 147, 148,
　　160, 162
問題処理　　1~5, 7, 70~72, 87, 88, 96,
　　97, 100, 151, 153, 164

ヤ行

有声休止　　　　　　　　　　52
有標　　　　　　85, 87~89, 100, 102
誘導語　　　　　　　　　　104
予告　　　　　　　　36, 57, 98, 150
予測的推論処理　　12~15, 40, 64, 66~69,
　　105~107, 119~121, 146, 148, 159, 162~164
予測的推論処理を引き起こす契機
　　　　　　　　67, 101, 119, 148, 159

　　　　　　ラ行
隣接ペア　　　　　93, 95, 116
論理的背理法　　　　123

　　　　　　ワ行
話者交替　52, 56, 58~60, 62, 63, 65,
　　69, 116
笑い　　　48, 56, 57, 63, 74, 93, 95,
　　101~103, 105, 106, 147, 148, 160, 162

聞き返し発話の解釈に関する認知語用論的考察

2019 年 8 月 20 日　初版第 1 刷発行

著　者　　梅　木　俊　輔
発行者　　関　谷　一　雄
発行所　　日中言語文化出版社
　　　　　〒531-0074 大阪市北区本庄東 2 丁目 13 番 21 号
　　　　　Ｔ Ｅ Ｌ　０６（６４８５）２４０６
　　　　　Ｆ Ａ Ｘ　０６（６３７１）２３０３
印刷所　　有限会社 扶桑印刷社

©2019 by Shunsuke Umeki, Printed in Japan
ISBN978 - 4 - 905013 - 52 - 5